AF248087

LE BANQUET

DES ÉGAUX.

LONDRES, 24 FÉVRIER 1851.

Prix : 30 Centimes.

PARIS.

CHARLES JOUBERT, ÉDITEUR,

AU BUREAU DU *NOUVEAU-MONDE*,

PASSAGE DAUPHINE.

LE BAN QUE
DES ÉGAUX.

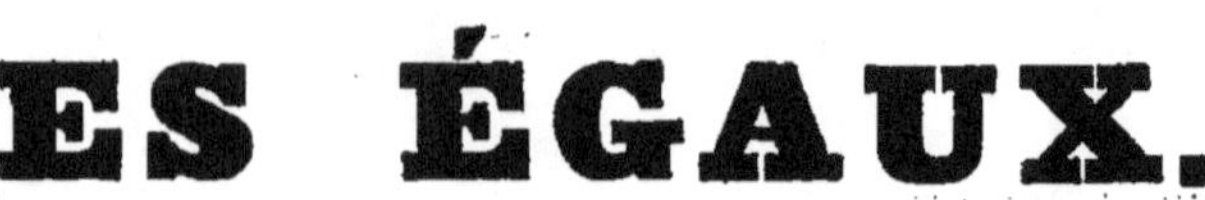

Londres, 25 Février 1851.

Hier, 24 février 1851, jour anniversaire de cette immortelle Révolution dont les ennemis du peuple voudraient vainement effacer la date, il s'est passé à Londres, au cœur du pays le plus aristocratique de la terre, un événement qui marquera dans les fastes de l'Egalité.

Jamais, non jamais, il n'y eut manifestation plus imposante par le nombre, plus remarquable par la communauté des croyances, par la diversité même des langues et des habitudes ; jamais manifestation ne présenta un aussi glorieux mélange de bon ordre et d'enthousiasme.

Des cartes d'invitation avaient été envoyées aux journaux les plus connus, parmi ceux qui ont juré une haine à mort aux idées nouvelles. Le *Times*, le *Morning-Herald*, le *Morning-Post* avaient été invités à venir voir, à venir entendre ces *socialistes* qu'ils ont tant calomniés. Car, c'est la tête haute que nous combattons notre grand combat ; et quelle est donc la pensée qui, du fond de nos cœurs, ne puisse monter sur nos lèvres? Qu'avons-nous à dire qui ne puisse être dit devant nos ennemis les plus cruels? Maintenant, qu'ils se taisent sur le magnifique spectacle qu'ils ont eu sous les yeux, ou qu'ils en fassent un calomnieux récit, il importe peu désormais. Un fait qui a eu plus de mille témoins est un fait irrévocablement acquis à la vérité de l'histoire, et l'impression qu'il a laissée dans toutes les âmes a été trop profonde pour ne pas durer.

Resserrer et rassembler dans un certain nombre de *toasts* les idées fondamentales du code de l'Egalité ; appeler tous ceux qui partagent ces saintes croyances à venir les proclamer en commun, et célébrer l'anniversaire de la Révolution de 1848 par l'affirmation éclatante, solennelle, collective, du monde nouveau dont cette révolution n'a fait qu'ouvrir l'ère et apporter les signes avant-coureurs, voilà quel a été le but du banquet.

Ecarter tout ce qui aurait pu altérer le grand caractère de la manifestation, s'abstenir de toute personalité, bannir toute guerre à des noms propres, en laissant néanmoins à des hommes convaincus, la liberté d'exprimer pour leur propre compte, leur sentiment sur des actes politiques tombés dans le domaine de la discussion, voilà quel a été l'esprit du banquet.

Quant à sa physionomie et à sa portée, il suffit de constater qu'il a montré, réunis autour de la même table, sou

1

l'empire d'une même croyance, Allemands, Polonais, Italiens, Hongrois, Français, Anglais, groupe glorieux dont l'aspect seul indiquait cette touchante union des races, cette solidarité des peuples qui, amènera inévitablement le règne de l'Egalité.

Voici ce que contenait la lettre d'invitation, imprimée et rendue publique :

« Notre foi politique et sociale est :

« Que tous les hommes sont frères, et tous les peuples solidaires ;

« Que là où l'Egalité n'existe pas, la Liberté est un mensonge ;

« Que de son côté, l'Egalité a besoin, pour durer, d'être soutenue par l'esprit de Fraternité ;

« Que chacun doit à la société tout ce qu'il peut, et que celui-là fait ce qu'il doit qui fait ce qu'il peut ;

« Que la société, en retour, doit à chacun tout ce qu'il lui faut, soit comme développement de ses facultés, soit comme satisfaction de ses besoins ;

« Que l'éducation doit être commune, obligatoire et, par le fait même de l'ordre social, gratuite ;

« Qu'elle doit avoir pour objet principal la constatation des aptitudes diverses, chacune ne devant exercer dans la société que les fonctions les plus conformes à ses aptitudes naturelles ;

« Que tous ont un droit égal à l'éducation, un droit égal au bonheur, et que, pour tous, le travail est un devoir égal ;

« Que c'est là ce qui constitue le principe de l'Egalité ;

« Que l'Association en est la forme nécessaire ;

« Que le but final de l'Association est d'arriver à la satisfaction des besoins intellectuels, moraux et matériels de tous par l'emploi harmonique de leurs facultés diverses et le concours fraternel de leurs efforts, ce que résume la formule : *De chacun selon ses facultés, et à chacun selon ses besoins ;*

« Que ce grand et noble résultat ne peut être scientifiquement atteint que par la mise en commun de toutes les forces pour la production, et de tous les produits pour la consommation ;

« Que c'est là que les institutions doivent tendre avec mesure, selon les inspirations de la conscience publique, progressivement, mais invariablement ;

« Que tel doit être le but de tout pouvoir démocratique, c'est-à-dire issu du suffrage universel, temporaire, responsable et révocable, ce qui revient à la formule : *État serviteur ;*

« Que, par conséquent, la Révolution qui a commencé par abattre l'aristocratie des titres et des possessions féodales, et qui doit finir par abattre l'aristocratie de la fortune et celle de l'intelligence, ne sera véritablement accomplie que le jour où il n'y aura plus ni accaparement des instruments de travail, ou *capitalisme*, ni avantages ou distinctions quelconques dérivant du fait héréditaire, ni enfin priviléges matériels, quels qu'ils soient, conférés à la capacité, l'oppression par l'intelligence étant tout aussi injuste et plus criminelle encore que l'oppression par la force, »

Tel a été l'exposé des principes pour la proclamation desquels le banquet a eu lieu, et afin que cet exposé fût aussi clair, aussi complet que possible, on lui a donné en réponse à quelques objections du journal *La République* le commentaire suivant :

« Au Rédacteur en chef de *la République*.

« Citoyen,

« Vous avez publié, dans votre numéro du 6 février, une profession de foi signée de nous, et vous l'avez fait suivre, sous forme de réfutation, d'une réponse qui n'est cependant, au fond, qu'une adoption formelle du seul de nos principes sur lequel vous avez cru vous trouver en désaccord avec nous.

« Est-ce bien sérieusement que vous nous parlez de l'impossibilité de *supprimer la capacité et l'intelligence*, à nous qui voulons l'éducation commune, gratuite, obligatoire? Qui donc a prétendu cela possible, grand Dieu! Est-ce bien sérieusement que vous nous recommandez de ne pas confondre les facultés avec l'usage, plus ou moins mauvais, qu'on peut en faire? Qui donc serait assez fou pour tomber dans une pareille confusion? Relisez-nous, de grâce, et comprenez-nous mieux. C'est à votre loyauté que nous en appelons de votre commentaire.

« Oui, vous avez raison : Honneur à l'intelligence morale ! Honneur à la capacité jointe au courage et au dévoûment! Oui, vous avez raison : De l'esprit humain, sortira, grâce à une série de victoires successives, mais certaines, l'affranchissement définitif du peuple. Les écarts mêmes de l'esprit, les faux raisonnements, les sophismes, l'éloquence des bouches perfides, l'art funeste qui a servi à empoisonner presque toutes les sources de nos connaissances, et fait de nos montagnes de livres des montagnes d'erreurs, rien n'empêchera le résultat suprême que notre cœur pressent, que notre raison prédit ; et l'intelligence au service de la vérité vaincra l'intelligence au service du mensonge. Voilà ce que nous disons.

« Mais nous disons aussi :

« Que capacité oblige ;

« Que pour faire son œuvre, l'intelligence doit commencer par comprendre la sainteté de sa mission ;

« Qu'elle a pour destination divine, non l'accaparement des richesses à son profit, mais la diffusion des lumières et la conquête du bonheur au profit de l'humanité ;

« Que cette dette du talent envers la société est d'autant plus sacrée que, sans la société, le talent n'aurait pas reçu de culture, n'aurait pas germé, n'existerait pas ;

« Que celui qui *peut* le plus *doit* le plus, et que sa participation aux avantages sociaux ne saurait s'étendre, sans usurpation, au-delà de ce qu'il lui faut pour obéir aux lois de sa nature et accomplir sa destinée ;

« Que ces limites une fois dépassées, le prétendu droit de l'homme intelligent sur l'homme qui manque d'intelligence est absolument, dans une société imparfaite, ce qu'est, dans l'état sauvage, le prétendu droit de l'homme vigoureux sur l'homme faible ;

« Que même, dans le premier cas, l'usurpation est plus condamnable, la force musculaire ne raisonnant pas ses actes, et l'intelligence étant tenue de raisonner les siens.

« Telle est notre croyance. Attachant à l'idée de *faculté* l'idée de *devoir*, nous disons : *De chacun suivant sa capacité*, et non, comme les saint-simoniens : *A chacun suivant sa capacité!* Car si la supériorité intellectuelle est la mesure du droit, pourquoi n'en serait-il pas de même de la supériorité physique, et pourquoi ne dirait-on pas : *A chacun suivant la vigueur de son bras ou la largeur de ses épaules.*

« Si de l'homme sans intelligence, l'homme intelligent peut légitimement faire un *pauvre*, pourquoi de l'être débile, l'être robuste ne pourrait-il pas légitimement faire un esclave? La déduction est invinciblement logique, et rien ne prouve mieux combien le principe qui aboutit à une conclusion pareille est impie. Non, non ! ce n'est pas ainsi que la nature l'a entendu, lorsqu'elle a fait entre les hommes un partage si inégal de la force et de l'intelligence. Sa loi, sa loi souveraine, elle l'a écrite en caractères saisissants dans l'organisation même de chacun de nous. Elle a destiné l'homme deux fois plus vigoureux à porter un fardeau double, mais non pas à avoir, au détriment d'autrui, plus de blé qu'il ne lui en faut pour se nourrir. De même, elle a destiné l'homme de génie à charmer, à éclairer ses semblables, et non pas à retrancher de leurs jouissances ce qui n'ajouterait rien aux siennes.

« Professer cette doctrine, citoyen, et attribuer à des facultés plus fécondes un emploi plus étendu, uue responsabilité plus grave, de plus grands devoirs, pensez-vous que ce soit manquei de respect à l'intelligence, la rabaisser? Ah ! c'est lui rendre, au contraire, le plus magnifique hommage ; c'est lui assigner sa véritable grandeur, qui est immatérielle par essence ; c'est la désigner à la reconnaissance, à l'admiration, à l'enthousiasme, tandis que le système d'accaparement à son profit ne la désigne trop souvent qu'à la haine et à l'envie.

« Nous savons bien qu'il est des esprits faux, qu'il est des cœurs vulgaires qui s'imaginent qu'en dehors de certaines récompenses grossières, évaluables en écus, il n'est point pour le génie d'encouragement possible, et qu'on ne saurait être heureux ici-bas que du bonheur dérobé à autrui. Eh bien, à ceux-là, — et ils ne sont pas les derniers à nous accuser de matérialisme quand nous demandons pour le peuple le moyen de vivre ! — à ceux-là nous répondons :

« Que nous tenons l'intelligence en trop haute estime pour la considérer comme une denrée dont on trafique et qu'on marchande ;

« Que les facultés éminentes trouvent dans le seul fait de leur libre développement et de leur but atteint, le plus vif comme le plus glorieux des encouragements ;

« Que l'admiration publique et la publique reconnaissance sont l'inépuisable trésor des seules récompenses vraiment digne du génie, quand il s'est noblement prodigué ;

« Que si on avait voulu rétribuer Watt *suivant sa capacité* et lui donner, comme récompense, l'équivalent de la valeur créée par la puissance de son esprit immortel, les trésors du monde entier n'y auraient pas suffi ;

« Que d'ailleurs, nous n'entendons en aucune façon condamner l'intelligence à une vie de privation, sous quelque rapport que ce puisse être, puisque notre principe de *chacun selon ses facultés, à chacun selon ses besoins*, s'applique à tous et implique l'idée du bonheur de chacun dans celui de tous.

« Du reste, ne croyez pas qu'en marquant ainsi l'*Idéal* vers lequel il faut que la société marche, nous nous soyons fait illusion sur la longueur de la route qui nous en sépare encore. Les idées fausses pullulent ; l'éducation des esprits est presque entièrement à refaire ; pour un livre qui contient la vérité, il y en a mille qui sèment le mensonge , et l'ignorance est, aux mains des égoïstes, un levier d'une force malheureusement incalculable: nous reconnaissons tout cela. Mais l'éloignement du but doit-il empêcher de déterminer la voie qui y mène, quand l'atteindre est absolument nécessaire ?

« Or, le but auquel, étape par étape, la société arrivera, c'est pour nous en tenir au point mis par vous en discussion :

« Le système social où la capacité servira de base à la distribution des fonctions et non à la répartition des produits;

« Le système social, où la rémunération ne dépendant plus de la nature de la fonction exercée, il sera coupé court par cela même à la candidature de toutes ces ambitions cupides et remuantes qui, dans les hauts emplois, ne tiennent compte aujourd'hui que de ce qu'ils rapportent ;

« Le système social, enfin, où, sans exciter l'envie qui s'attache à l'existence de tout *privilége matériel*, les plus sages prendront place au conseil, les plus habiles dirigeront les travaux, les plus capables rempliront les fonctions qui exigent le plus de capacité, et cela par la volonté, d'après le choix et dans l'intérêt de leurs égaux.

« Là seulement sont les vrais principes de l'*ordre* et de la hiérarchie dans l'*égalité* ; là seulement est la justice.

« Londres, février 1851.

« P.S. Quelques journaux, tels que l'*Indépendance belge* et l'*Assemblée nationale,* ont osé présenter notre profession de foi comme un *document monstrueux*, comme un *anathème lancé contre la société tout entière.*

« Eh bien ! nous les mettons au défi de prendre pour juges entre eux et nous leurs propres lecteurs, en publiant les lignes qui précèdent.

« Ils nous ont calomniés, ils se tairont.

Signé,

EM. BARTHÉLEMY, LANDOLPHE, LOUIS BLANC,
J. VIDIL.

Certes, quelque inattaquables que soient de semblables idées, elles contredisent si ouvertement les préjugés qui ont cours aujourd'hui, elles opposent si hardiment aux erreurs et aux iniquités de la société actuelle l'image de la société future, que déjà nos ennemis se hâtaient d'assurer qu'elles resteraient sans échos. Eh bien, c'est le contraire qui est arrivé. Les adhésions sont venues de toutes parts ; la presse, les lettres, les arts, ont envoyé au banquet leurs représentants ; des personnages qui occupent un rang élevé dans cette société d'aujourd'hui si injuste et si vaine, ont pris place avec émotion à côté des plus modestes travailleurs, et le BANQUET DES EGAUX a fait accourir tant de convives que c'est à peine si une des plus grandes salles qui soient dans Londres et ses environs a pu les contenir.

Qu'on se figure, dans une pièce immense, splendide, ornée de tableaux et toute ruisselante de la lumière des lustres, sept rangées de tables chargées de SEPT CENT CINQUANTE couverts ; et là, noblement confondus au nom de l'Egalité, des riches, des pauvres, des hommes obscurs, des hommes célèbres, des ouvriers, des gens de lettres, des militaires, des auteurs, des journalistes, des travailleurs de toutes les professions, des réfugiés de tous les pays... Ah ! celui qui à la vue d'un pareil spectacle, n'a éprouvé aucun tressaillement de cœur, celui-là n'a rien senti et ne sentira jamais rien de sa vie ! Des drapeaux rouges, double symbole de l'unité sociale et de la glorification des martyrs, tapissaient la salle. Des drapeaux noirs rappelaient le deuil laissé dans toutes les âmes généreuses par cette insurrection de juin qui fut la bataille de la faim, faisant suite aux révoltes antiques de l'esclavage. De distance en distance brillaient en lettres blanches sur un fond noir les noms auxquels se lient, dans toutes les contrées, des souvenirs ; révolutionnaires devant la tribune, une table de douze couverts et portant les noms des principales prisons politiques de l'Europe, avait été réservée à ceux de nos frères martyrs qui souffrent dans les cachots pour la cause de la République.

Parmi les convives on comptait une centaine de dames. Etaient venus à ce noble rendez-vous, Thornton Hant, qui rédige le *Leader* avec tant d'éclat ; J. H. Horne, un des poètes les plus distingués d'Angleterre ; Smith, de Brighton, le lien vivant des associations ouvrières de Paris et des socialistes de Londres ; G. Julian Harney, un des plus dévoués propagateurs du socialisme dans ce pays ; le docteur Tausenau, un de ceux qui commencèrent la révolution de Vienne ; miss Mac-Farlane, connue par ses nombreux écrits historiques, philosophiques et démocratiques. Le vénérable Robert Owen, devait venir ; retenu par une indisposition grave, il a fait dire par ses amis qu'il était avec nous en pensée.

Chacun ayant pris place, un des commissaires, un Allemand, un capitaine d'artillerie, Willich, commandant des corps francs de l'insurrection de Bade, a ouvert le banquet par ces mots, suivis d'unanimes applaudissements :

« Citoyennes et citoyens, nous plaçons ce banquet sous l'invocation des peuples. »

Avant de lire le toasts, — car, il avait été convenu qu'ils seraient *lus*, mesure dictée par un sentiment de convenance délicate joint à un respect attentif de l'égalité, — il y avait à donner connaissance à l'assemblée des lettres d'adhésion. Ces lettres, les voici, et il est inutile d'ajouter qu'elles ont été accueillies par des acclamations ardentes et prolongées :

Aux proscrits démocrates socialistes, réunis au banquet du 24 février 1851, à Higbury Barn Tavern.

« Citoyens,

« Vous vous réunissez le 24 février pour célébrer le pre-
« mier acte de la Révolution.

« Les proscrits soussignés, démocrates socialistes, dis-
« persés en Suisse, seront de cœur et d'esprit à votre
« union fraternelle, prélude et symbole de la solidarité de
« tous les citoyens dans chaque peuple, de tous les peu-
« ples dans la République universelle.

« Aujourd'hui la pensée, comme l'activité humaine, a
« vaincu l'espace. Fancais, Allemands, Italiens, Hongrois,
« Polonais, nous avons ici dans l'exil, comme sans doute
« sur tous les points de l'Europe, les convictions géné-
« reuses que votre programme exprime lumineusement.

« L'Égalité, la Fraternité et la Liberté enfanteront la
« société nouvelle où tous les hommes, développant en
« *harmonies toutes leurs facultés, concourront de toutes leurs*
« *forces, de tout leur génie, de toute leur vertu, à la produc-*
« *tion des richesses sociales et trouveront, au milieu de la*
« *grande famille, la satisfaction de tous leurs besoins moraux,*
« *intellectuels et physiques.*

« L'homme vient nu et s'en retourne nu : Il n'apporte
« et n'emporte rien avec soi. — Mais tout homme venant
« au monde dans la société nouvelle participera à l'héri-
« tage de l'humanité, qu'il a le devoir de perfectionner
« pour les générations suivantes.

« Le travail en effet est un devoir. — L'ancien régime
« condamnait les hommes sans domicile et sans pain, les
« vagabonds et les mendiants malgré eux. La jeune société
« condamnera les hommes sans profession, les oisifs,
« malgré la loi naturelle et sociale. »

« Quand le peuple de février réclamait seulement son
« droit au travail, il reconnaissait le prolétariat et l'escla-
« vage à condition de salaire ; tandisque le devoir du tra-
« vail implique l'abolition des classes, la solidarité, l'unité.

« Les devises du peuple de Lyon en 1834, du peuple de
« Paris au 23 février : *Vivre en travaillant ou mourir en*
« *combattant ; — du pain ou du plomb* — sont des cris su-
« blimes de martyrs désespérés. — Mais en montant du
« droit au devoir, votre programme s'élance ainsi de la
« critique d'une inégalité homicide à l'affirmation d'une
« société fraternelle. »

« Solidarité dans la production ; car toute production est
« inséparable du travail antérieur et du travail contempo-
« rain. »

« Solidarité dans la consommation ; car tout homme
« ayant fait son devoir entier a son droit entier ; car la
« règle du droit et du devoir de chacun et de tous est la loi
« de la nature ; la capacité imposant plus de devoirs
« sans donner plus de droits. »

« Tous pour tous, c'est l'Égalité ; tous par tous, c'est
« la Liberté ; tous à tous, c'est la Fraternité.

« Nous adhérons donc, citoyens, sans restriction aucune,
« à votre profession de foi sociale. »

« Que les républicains concordent partout dans une

« idée commune ; qu'ils en méditent la pratique et le dé-
« veloppement ; ils vaincront ainsi la misère, l'ignorance
« et la servitude ; et la société nouvelle, vraiment digne de
« ce nom, sortira vivante, librement et glorieusement, du
« sein même de l'humanité. »

Cette déclaration si belle, si forte, si éloquente dans son énergique et profonde concision, est suivie de 82 signatures. Les voici :

Ménand (représentant du peuple français), A. Saillan (d'Alais), T. Thoré, Janot (représentant du peuple français), Guillaume Letorey, Rey (de Valence), Joh-Ph. Beerer, Lonchambon (de l'Isère), Smandt, R. Bravard, M. Hess, Straube, Petitjean, Morisson, F. A. Sorge, M. Hofmann, Travers, Schily, Grinand (de Lyon), Sasonoff, G. Fink, E. Grillet, Ch. Schneider, J. Kauffold, M. Gyarkovecchky, H. Reinicne, H. D. Bäckfisch, F. Brun fils (de Lyon), Maranchon, C. Brun, X. Charpentier (de Mâcon), Carra, Morelle (de Lyon), Amédée Tanneux (de Lyon), Hinrich Birx, Saureinheim, Guillolat dit Morgat, Duthion (de Saône-et-Loire), C. M. Seydler, W. Elias, A. Berthault, Louis Perrel (de Lyon), Champion (de l'Isère), Radrot (de Châlons-sur-Saône), Chagny, Martini, F. Follon, Gulghera (Piémontais), Lavarenne, Peyssart, Charre, Brunet dit Avancé, Lhomme, Perrin, Ph. Corsat, Tabouret, Ernest Dronke, Castel, Pernelle, Goumin, Seyssel, Feuillade, Durand, Renard, Séverin Thonnerieux (de la Drôme), Félix Pascal, Darowski (Polonais), Julien Duchesne (de Saône-et-Loire, A. Combe (de Lyon), A. Percy, J. Robillard, Pagot Lupicin, G. Champseix, Jacques Bertoni, Déchant dit Platon, Denis Veillas, Dubreuil, Napoléon Chancel, Vincent (de Lyon), Michaud, Tailled.

Citoyens,

Les Démocrates socialistes réfugiés à Jersey s'empressent de répondre à votre communication.

Ils sont heureux de s'associer avec leurs frères d'exil dans la célébration d'un anniversaire qui leur est également cher à tous.

Salut et fraternité.

Georges Mikutouwski, B. Duverdier, Ch. Le Balleur-Villier (de Rouen), A. Decio, Lemeille (Aug.), Albert-Schmit, V. Heitzmann, H. Seigneuret, J. Drienzbimki, Roch Rupniewski.

Jersey, le 11 février 1851.

Avant de lire l'adresse du XIIe arrondissement un des Commissaires du Banquet a pris la parole en ces termes :

Citoyennes et Citoyens,

Nous sommes heureux d'avoir à vous lire une adresse
d'adhésion qui nous est envoyée, signée de 235 noms, par
des socialistes du xiie arrondissemt de Paris, des socialistes
de Montmartre et des détenus politiques de Sainte-Pélagie.
Nous en sommes heureux, non-seulement parce que cette
adresse vient en confirmation de nos principes, mais aussi
parce qu'elle est une approbation formelle de l'esprit qui
a présidé à la formation de ce banquet et un généreux, un
noble développement de cette phase de la lettre d'invitation
» Nous avons été unanimement d'avis que, dans cette cir-
« constance, surtout, il importait de se dégager de tout
« esprit de coterie, de se mettre au-dessus de toute sym-
« pathie ou de toute répugnance purement personnelle,
« pour ne songer qu'à l'intérêt de la cause et à la glorifica-
« tion des principes. »

A l'union des Démocrates-Socialistes !

Citoyens,

Sachant que sur la terre d'exil vous allez fêter, en un
banquet fraternel, le troisième anniversaire de Février,
des républicains socialistes du douzième arrondissement
ont voulu vous adresser, comme un souvenir, comme un
écho de la France, l'expression sympathique de leurs
vœux.

Votre courage et votre persévérance vont grandissant
chaque jour, car chaque jour aussi vous voyez grandir dans
la foi des peuples le saint amour de la justice et de la vérité.

En souffrant avec courage sur le sol étranger, où vous
ont jeté les dernières convulsions d'une société qui se
meurt, vous donnez, citoyens, un noble exemple aux hommes dans le présent et vous conquérez la reconnaissance
des générations à venir.

Dans vos toasts républicains, vous glorifierez nos frères
captifs : Pas plus que vous ils n'ont perdu dans les cachots,
sous la dure étreinte des tortures, ni le courage ni l'espoir;
dans la nuit de leurs prisons, ils entendent des voix mys-
térieuses et consolatrices ; elles leur disent que les temps
approchent de l'expiation des iniquités et de la réalisation,
sur la terre, d'un bonheur équitable et commun.

Voyez nos ennemis. Hier encore, ils disaient nous
avoir vaincus ; ils se croyaient les maîtres de la situation ;
maintenant, les voilà pris des vertiges de la peur. Ils
avaient, dans de lâches bravades, insulté la révolution populaire de Février ; aujourd'hui dans leur stupeur ils voient

planer sur les populations haletantes une date qui resplendit comme un phare de délivrance.

Travaillons donc tous, eux captifs, vous proscrits et nous libres (d'une liberté illusoire et précaire), travaillons comme de bons ouvriers à préparer les voies de la société nouvelle; mais pour que notre travail soit efficace et durable, soyons unis en un formidable et indestructible faisceau.

Croyez-le, frères, nos adversaires n'ont plus qu'un seul avantage, qu'une seule arme contre nous..... *Notre désunion!!!*

Les différentes nuances qui peuvent exister dans l'ensemble d'une idée aussi large que la démocratie-socialite n'en sauraient altérer l'éclat, ni amoindrir la force; loin de là, ces nuances nous semblent une preuve de sa fécondité, une manifestation de l'idée de liberté. Mais il n'en saurait être de même pour les dis sentiments qui prennent leur source dans des motifs personnels ou tout au moins inconnus : cette haine d'homme à homme qui semble vouloir se perpétuer entre des citoyens qui nous sont chers à tant de titres cette haine qui nous afflige, donne bien de la joie à nos ennemis!

Nous détestons profondément les personnalités; nous ne voulons écrire ici aucun nom; nous dirons seulement qu'il existe dans l'armée démocratique de vaillants soldats, de nobles martyrs, dont le peuple admire le dévouement, le cœur héroïque, la puissante intelligence. Nous dirons qu'ils seraient bien coupables, ces hommes, et qu'il faudrait pleurer sur eux s'ils ne comprenaient pas que le temps est venu enfin d'étouffer toute haine, d'éteindre toute colère, pour se livrer en commun au travail que réclame d'eux la cause de l'humanité. Quant à ceux de leurs amis qui ne feraient pas ce qui est humainement possible pour obtenir la fin d'une désunion si préjudiciable à la démocratie, ils ne sauraient être les vrais serviteurs de la révolution sociale.

Donc, Citoyens, à la République universelle, à l'union de tous les Démocrates socialistes!

Paris, le 22 février 1851.

Suivent 235 signatures.

Les Polonais émigrés démocrates-socialistes,
A leurs frères à Londres.

CITOYENS ET FRÈRES,

Votre invitation à la manifestation du 24 février a fait tressaillir nos cœurs d'allégresse, puisqu'elle a été une preuve de plus de la sainte union, de l'indissoluble solidarité des peuples, basée sur l'éternelle vérité et scellée au feu du désastre commun.

Frères! vos principes sont les nôtres; votre foi est la nôtre! Nous ne pouvons pas cependant venir serrer vos mains en nous asseyant à la même table. — Bien plus! nous ne pourrons pas même nous réunir en ce jour mémorable dans une agape fraternelle... Mais il n'y a pas de puissance sur la terre capable d'empêcher la communion des âmes, d'enchaîner l'essor de l'intelligence humaine, de refouler les sympathies ardentes des cœurs aspirant après le règne de la justice et de la vérité!... La foi peut transporter les montagnes, — pourquoi ne pourrait-elle pas rapprocher et réunir les hommes (quelle que soit la distance qui les sépare) auprès de même foyer d'idées, de sentiments, de tendances, de désirs et d'espérances.

Absents par le corps, nous serons ce jour-là, par esprit, parmi vous, auprès de vous et avec vous, et nous nous consolons d'avance en pensant que vous serez nos dignes interprètes, de braves porte-étendards et porte-paroles de la démocratie européenne et du vrai socialisme, si mal compris et pour cela même si cruellement calomnié, poursuivi à outrance...

Courage et persévérance, fiers et généreux athlètes de la *Vérité*: fiez-vous toujours à cette bonne déesse, elle vaut mieux que la *Fortune*, et ne cessez jamais de la servir fidèlement, en répandant la bienfaisante clarté de son auréole sur les masses populaires encore plongées dans les ténèbres de l'ignorance et de sa fille la misère. Encore quelques efforts, quelques sacrifices, et le triomphe de nos idées est assuré, l'avenir est à nous!

La Révolution de 1848 a été une révolution européenne, —c'est à ce titre que nous en célébrons le glorieux anniversaire, — elle a été le signal précurseur de l'affranchissement de tous les peuples asservis, de leur émancipation politique et sociale, de la République universelle; elle a posé le grand principe de la solidarité des nations, de l'union des opprimés contre les oppresseurs; mais en même temps elle a jeté à l'élaboration du temps le vaste problème de l'abolition de l'esclavage social, du paupérisme, du salariat, en d'autres termes; de l'exploitation de l'homme par l'homme sous toutes ses formes, au moyen de l'association fraternelle. Ce problème qui intéresse toute l'humanité, doit être résolu par elle, si elle ne veut pas périr dans les angoisses de la misère et dans les tortures de l'esclavage...

A nous tous donc de travailler, chacun selon ses moyens et ses forces, à l'effet de dégager l'inconnu, guidés par le flambeau de la trois fois sainte formule : Liberté, Égalité, Fraternité!

Vous ne manquerez pas à la tâche, et nous, nous ne resterons pas en arrière.

Salut fraternel.

Paris, le 24 février, 1851.

(Suivent les signatures.)

La société des DÉMOCRATES FRATERNELS *à leurs frères des diverses nations assemblés pour célébrer l'anniversaire du 24 Février.*

« CITOYENS FRÈRES,

Au nom du triple principe de notre foi commune, au nom de l'Egalité. de la Liberté et de la Fraternité, nous avons accepté votre invitation et nous sommes venus prendre part à cette fête.

Nous proclamons avec vous la suprême importance de ce grand jour où le généreux peuple de Paris, toujours le premier dans la voie de l'héroïsme républicain, renversa une dynastie rouillée par le mensonge et la corruption. Honneur aux martyrs qui dorment sous la colonne de Juillet ! Glorifions ceux qui versèrent leur sang, qui sacrifièrent leur vie non pas seulement pour la liberté de leur patrie, mais pour l'émancipation du monde.

Qu'il nous soit permis d'offrir notre tribut d'hommages à ces martyrs qui tombèrent dans les dernières agonies de la révolution, luttant pour établir la vraie République, la République de l'avenir, celle où il n'y aura plus ni maître ni esclave, ni capitaliste ni prolétaire, celle où tout le monde également dépendra des institutions de la société régénérée, mais où personne ne sera le sujet de son semblable.

N'oublions point les héros et les martyrs des autres contrées. Honneur éternel à la mémoire de nos frères d'Allemagne, d'Italie, de Hongrie, de Pologne qui succombèrent dans la guerre sainte du droit contre la force, de la liberté contre l'oppression.

Pour vous, frères en captivité, martyrs ensevelis vivants dans les donjons du continent européen, nous désirons vous exprimer notre cordiale sympathie et l'espoir que le jour de notre délivrance n'est pas éloigné. A vous, maintenant, frères exilés des maisons de vos pères, à ces millers de citoyens qui partagent avec vous la proscription lancée contre les soldats de la liberté par les rois coalisés, nous adressons nos consolations, non pas dans le langage de l'abattement mais dans celui de l'espérance. Affermissez-vous en pensant que la révolution n'est pas finie, que les besoins du siècle réclament le plus large développement de la Révolution et que là est la garantie de notre triomphe définitif.

Parce que le farouche despotisme de l'épée et la non-moins terrible tyrannie du capital règnent encore ; — parce que l'e clavage et la misère abondent ; — parce que les peuples ont été déçus, trahis, dépouillés des fruits de leurs victoires : — parce que le destin a décrété la réalisation dn principe triple et un de notre croyance politique et sociale ; — c'est pour cela que la Révolution n'est pas finie ; c'est pour cela qu'il faut que la Révolution marche jusqu'à ce que les peuples aient obtenu le complet développement du symbole : Egalité, Liberté, Fraternité.

Les millions de travailleurs de cette contrée participeront au progrès général de l'humanité. Quoique plus accoutumés aux discussions pacifiques qu'aux débats guerriers, les démocrates de la Grande-Bretagne poursuivent le même but que vous. Par le suffrage universel, ils cherchent l'abolition de toutes les inégalités sociales et politiques, la suppression du salariat et l'établissement de la souveraineté du travail. Ils croient en la solidarité des peuples ; et, dans les luttes de l'avenir, leur devise sera : Union fraternelle avec tous les peuples ; Guerre à tous les tyrans.

Frères, notre cause est une et indivisible. Animés des mêmes espérances, marchons ensemble vers notre but commun; la République universelle, démocratique et...

Au nom de la société,

les délégués,
John Pettie, Daniel w., Ruffy,
G. Julian Harney.

Londres, 24 février 1851.

Citoyens

Nous avons lu avec la plus vive sympathie la déclaration des principes du comité socialiste européen, reproduite avec des interprétations si diverses par la presse parisienne, et nous regardons comme un devoir de nous y associer sans restriction.

C'est le sympole de la Démocratie universelle, autour duquel doivent se grouper tous les homme convaincus qu'il n'y aura de bonheur et de sécurité pour la société humaine, que par la pratique de la *Fraternité*, dont la *Liberté* et *l'Égalité* ne sont que la préparation. La tendance manifeste de notre temps et de notre pays est *l'Égalité*, devant laquelle disparaîtront le privilége unique, le monopole oppressif et qui passera sur toutes les têtes le niveau de l'équité et de la justice, et non, comme le prétendent perfidement nos adversaires, celui de la force brutale et de la violence.

De chacun suivant ses *forces*, à chacun suivant ses *besoins*, telle est la loi de l'avenir,

Nous sommes intimement convaincus qu'il arrivera un temps où l'on regardera comme un époque de barbarie aussi honteuse pour l'humanité que l'esclavage antique, celle où cette loi de justice n'était pas pratiquée.

Ces saintes doctrines repoussées par les privilégiés, sont accueillies par le Peuple, qui souffre des iniquités dont la source est dans le capitalisme, et dans la suprématie trompeuse de l'intelligence.

Si *l'intelligence* était synonime de *dévouement*, de *vertu*, de *patriotisme*, nous comprendrions les réclamations de ceux qui revendiquent pour l'homme intelligent, la posiion la plus élevée au sein de la cité, mais les exemples de notre temps nous démontrent trop souvent le contraire, et nous qui ne sommes nullement convaincus de l'infériorité originelle des masses, nous réclamons pour le peuple, éloigné des sources où l'intelligence se perfectionne, l'égalité devant l'instruction, devant la science, parce qu'à notre époque l'intelligence est encore un monopole, et que les collèges, les écoles supérieures sont fermés pour tous ceux qui disputent à la misère la vie de chaque jour.

Soldats de la *démocratie égalitaire*, nous sommes glorieux de marcher sous sa bannière, et si notre force n'est pas dans les hautes régions, elle est dans le peuple qui rend justice à la pureté de nos intentions et à la persévérance de nos efforts pour améliorer sa condition physique, morale et intellectuelle.

Nous voyons avec joie les principes que nous défendons représentés par des Allemands, des Polonais, des Hongrois, des Italiens ; c'est l'acheminement vers la fraternité des peuples.

Dans l'impuissance où nous sommes d'assister à votre banquet de février, permettez-nous de nous y associer par ce toast qui exprime vos aspirations et les nôtres :

A l'Egalité, à la République universelle.

Agréez, citoyens, nos saluts fraternels.

Faure (Rhône),   Greppo,

Amédée Bruys,
Représentants du peuple.

Citoyens,

Salut à l'avenir que vous espérez, aux sentiments qui vous animent, aux principes qui vous guident, au but que vous poursuivez !

Votre espérance, votre foi, votre amour sont notre amour, notre foi, notre espérance.

Salut à la Révolution de 1848 entendue comme vous l'entendez, c'est-à-dire comme une des mémorables étapes du prolétariat en marche vers la liberté, vers la liberté de tous par tous !

Salut à cette Révolution de 1848, qui n'a pas été celle de la France seulement, mais celle de l'Italie, de la Hongrie, de l'Allemagne, et dont un noble, un généreux citoyen est allé planter au milieu de l'Amérique le drapeau à jamais glorieux !

Citoyens de la nouvelle République européenne, je serai avec vous de cœur et d'esprit : que ne puis-je aller m'asseoir à vos côtés dans cette fête des idées justes? Car, ce qui vous sera permis en Angleterre nous est, faut-il le dire? défendu en France : et cette fraternelle communion vous montre plus libres sur la terre d'exil que nous au sein de la patrie !

Enfants dispersés de tant de peuples divers que les préjugés et l'ignorance firent si souvent ennemis dans le passé, votre union, amis, a une signification profonde, et n'étaient les rigueurs de la proscription que vous subissez, nous serions presque tentés de bénir les vicissitudes qui ont amené ce solennel rendez-vous des propagateurs de la *bonne nouvelle*. Car dans votre petite assemblée nous voyons comme le symbole de la réconciliation définive des races et des peuples, par l'adoption d'une foi commune et l'inauguration de l'universelle alliance par laquelle seront effacées toutes les divisions, balayés tous les préjugés, éteintes toutes les haines de peuple à peuple. Résultat sacré auquel aura servi cette dispersion douloureuse, mais féconde, qui, en faisant de vous des proscrits, a fait de vous des *citoyens de toute la terre*.

En vous persécutant, vos ennemis ont cru anéantir pour toujours votre action réformatrice, et ils se trouvent avoir provoqué le contact, la fusion des plus dévoués serviteurs de la vérité dans tous les pays; de sorte qu'eux-mêmes ils ont travaillé, sans le savoir et le vouloir, à l'avénement de la grande association européenne, de cette ère heureusement inévitable où Allemands, Français, Polonais, Hongrois, Italiens ne seront plus sur toute la surface du globe, que des hommes libres et égaux.

Vous avez raison, citoyens : partout où on demande aux uns moins qu'ils ne peuvent et où on exige des autres plus qu'ils ne peuvent; partout où les uns ont plus qu'il ne leur faut et les autres moins qu'il ne leur faut, il y a inégalité, il y a exploitation de l'homme par l'homme, il y a oppression ; et, sous quelque masque qu'elle se cache, qu'elle s'appelle astucieusement *droit du plus capable*, ou brutalement *droit du plus fort*, l'oppression nous fait horreur.

Vous avez raison : sans égalité pas de liberté, et sans fraternité, d'autre part, point d'égalité. Les trois termes sont inséparables, et c'est ce que comprirent bien nos pères, lorsque les reliant dans une indivisible unité, ils placèrent l'Égalité entre la Liberté et la Fraternité, ses deux sœurs immortelles.

Persévérons dans notre foi, Citoyens ! nous n'avons pour nous ni les baïonnettes ni les canons, rien de ce qui tue; mais nous avons pour nous tout ce qui pense dans le monde, tout ce qui souffre, tout ce qui aime.

Nous avons aboli la féodalité contre les seigneurs féodaux : abolissons le prolétariat, au profit des prolétaires.

Nous avons détrôné des rois: bannissons la pauvreté!

Puis, pour achever, ppur consacrer notre œuvre, montrons-nous meilleurs que nos ennemis dans nos actes comme dans nos doctrines. Soyons plus moraux, plus généreux, plus humains ; ce que nous aimons, sachons le pratiquer. Et, sous ce signe, n'en doutez pas! nous VAINCRONS.

NADAUD,

Représentant du peuple.

Après les adhésions, les toasts ont été lus dans l'ordre suivant :

A la souveraineté du peuple, sans despotisme!

CITOYENS,

A la souveraineté du peuple RÉELLE ET VIVANTE, c'est-à-dire, s'exprimant par le suffrage universel, agissant par des mandataires révocables et responsables, par des commis, et faisant prononcer le fameux mot : *l'État c'est moi* de Louis XIV, non plus par un homme, mais par le Peuple !

A la souveraineté du Peuple TOUJOURS EN ACTION, c'est-à-dire, s'exerçant par des élections très-rapprochées, au moins annuelles, par un contrôle continu sur les actes de ses commis, et par la révocabilité.

A la souveraineté du Peuple INALIÉNABLE, c'est-à-dire, excluant toute idée de monarchie et ne dépendant point du caprice de telle ou telle génération!

A la souveraineté du Peuple IMPRESCRIPTIBLE ET INVIOLABLE MAIS NON PAS ILLIMITÉE ; car, ses décisions n'étant presque toujours que l'expression du pouvoir d'une majorité faillible, il faut que la minorité se réserve le moyen de devenir majorité à son tour si elle a raison, sans quoi l'on tomberait sous la tyrannie d'un chiffre et le despotisme du nombre!

A la souveraineté du Peuple donc, limitée par un religieux respect de la liberté de la presse, de la liberté d'association, du droit de réunion, du droit de vivre en travaillant, et enfin de la liberté de conscience, droits que l'homme tient de Dieu et que nulle puissance n'a le droit de lui ravir!

A la souveraineté du Peuple sans despotisme!

BIDET (horloger).

A l'abolition de la présidence.

CITOYENS,

Parce que la présidence comme la royauté, met un homme à la place d'un peuple;

Parce qu'à la présidence, il faut, comme à la royauté, des millions à dévorer, des dotations à dépenser en festins et en revues, un luxe insultant pour la misère publique, et sous le nom des courtisans, des valets surnuméraires;

Parce qu'il est dans la nature des choses que les présidents rêvent un 18 brumaire;

Parce que la présidence, pas plus que la royauté, ne saurait s'accommoder de la souveraineté du Peuple, pouvoir qui la menace, qui l'irrite et qu'elle est d'autant plus portée à vouloir détruire que c'est le seul légitime;

Parce qu'entre deux autorités rivales, une assemblée d'un côté, un président de l'autre, il n'y a place que pour un perpétuel antagonisme et la plus effroyable anarchie;

Parce qu'en refusant l'hérédité à la présidence, on ne fait que lui souffler la tentation de la conquérir au moyen de la force qu'on lui livre;

Parce que le Peuple est fatigué des idoles, et qu'il ne veut plus, sous aucun nom, sous aucun masque, avoir rien qui ressemble à des maîtres;

Et, parce qu'en un mot la présidence n'est que l'hypocrisie de la royauté,

Citoyens, à l'abolition de la présidence.

POIRIER,
délégué des associations ouvrières.

Au triomphe du Socialisme! à la Souveraineté véritable du Peuple!

CITOYENS,

Notre banquet est une grande manifestation politique dans laquelle nous devons exposer et discuter même les idées qui peuvent, dans des proportions diverses, concourir au triomphe définitif de la souveraineté véritable du Peuple.

Depuis quelque temps on jette au peuple des théories fatales qui sembleraient inspirées par la *haine du Socialisme*, c'est-à-dire de la seule doctrine qui, selon nous, possède la vérité, la doctrine communiste, destinée à amener, dans un avenir prochain, le règne de l'Egalité.

Les théories dont nous parlons présentent un appat dont il est de notre devoir de signaler le danger ; car nous sommes de ceux qui préfèrent à l'avantage de flatter le Peuple l'honneur de le servir.

On a dit : « Plus de président, plus de représentants. »

La première partie de cette formule n'est pas nouvelle, elle a toujours été celle des Socialistes, qui furent dans tous les temps absolument opposés à cette magistrature suprême, anti-républicaine, en exprimant, dans une République naissante, le dernier soupir de la royauté qui meurt.

Quant à la seconde : « Plus de représentants, » il faut s'entendre.

Si l'on veut par là dénoncer un mot impropre, d'accord ; les Socialistes ne se sont jamais servis que de celui de mandataire ou de commis, lequel exprime mieux, en effet, la subordination de l'élu à l'électeur.

Mais si l'on veut dire que les mandataires du Peuple ne doivent avoir pour mission que de présenter les lois aux trente-six-mille assemblées communales de la France, chargées de les discuter, nous affirmons que, sous les apparences séduisantes d'un radicalisme exagéré jusqu'à l'impossible, une pareille proposition n'aboutirait *qu'à une guerre au Socialisme.*

En effet, quel danger formidable n'y aurait-il pas de mettre les destinées de la Révolution à la merci de cette foule de citoyens dont l'éducation politique et surtout républicaine est encore si imparfaite ; de tant de milliers d'hommes que l'obligation du travail, et peut-être même l'indifférence viendraient éloigner des assemblées où se traiteraient leurs intérêts les plus chers, mais quelquefois les moins compris ? Ne verrait-on pas affluer là des ennemis de toutes sortes qui, avec les moyens dont savent si bien disposer les intrigants, profiteraient des préjugés des uns et de l'inexpérience des autres pour travailler à la ruine des libertés publiques ?

Rousseau, dont on a invoqué l'autorité en ne s'appuyant que sur des citations tronquées, Rousseau a dit, dans le *Contrat social :* « La Souveraineté ne peut jamais s'aliéner, le souverain ne peut être représenté que par « lui-même. » Mais il a ajouté, et c'est ce que l'on a eu soin de supprimer en le citant : « Le *pouvoir peut bien se transmettre*, mais non pas la volonté. » Ce qui évidemment aboutit à dire que le peuple peut transmettre à des mandataires le *pouvoir de faire les lois*, sauf à révoquer les mandataires à volonté.

Il est certain que comprendre autrement la souveraineté du peuple, ce serait jeter la République dans le chaos, et, par cela même, donner des chances au retour de la monarchie.

C'est ce qu'avait bien vu Robespierre lorsque, à propos de l'appel au peuple demandé par les Girondins pour sauver Louis XVI, il prononça le mémorable discours dont il serait si aisé de faire l'application aux Girondins d'aujourd'hui.

Car, n'est-il pas remarquable que parmi les hommes qui soutiennent l'idée que nous combattons, il s'en trouve qui, continuateurs des Girondins, ont profité de l'impuissance de ceux qui ne furent pas leurs complices, pour détruire tout ce que la révolution de Février avait apporté d'espérances ; qui ont constamment servi les projets et concouru aux actes de la réaction royaliste ; qui, en Juin, ont fait égorger les Républicains; qui, dans un document écrit avec du fiel empoisonné, calomniaient Blanqui (1), un de ceux qui avaient le mieux compris la Révolution dans toute l'étendue de ses conséquences logiques, inflexibles, et dont le nom, invoqué par les vrais républicains, fait tressaillir d'épouvante tous ceux qui ont trahi la cause du Peuple; qui enfin, vinrent en personne arrêter, pour le replonger dans les cachots, cet autre républicain, Barbès, et cela, citoyens, à l'endroit même où, 54 ans plus tôt, les thermidoriens vinrent arrêter Robespierre pour traîner, dans sa personne, l'Egalité à l'échafaud !. .

Quelle analogie terrible, citoyens, et quel enseignement pour ces républicains qui ne comprennent que les demi-mesures, et ne marchent qu'en trébuchant dans la voie de la Révolution !

Mais, citoyens, permettez-moi de revenir au discours de Robespierre. On est frappé de la similitude qui existe entre ce qu'il faut répondre à ceux qui demandent aujourd'hui une application impraticable de la souveraineté du Peuple, et ce que l'immortel auteur de la Déclaration des Droits répondit sur le même sujet aux Girondins, lorsqu'ils demandèrent l'appel au Peuple. Il disait : « Vous me ga-« rantissez que les discussions seront parfaitement pai-« sibles, et exemptes de toutes influences dangereuses,

(1) Peut-être les lecteurs éprouveront-ils quelque surprise en rapprochant de ce passage et d'un autre relatifs au citoyen Blanqui, la pièce qui, plus tard, a été publiée avec son nom par les journaux réactionnaires, et dans laquelle il attaque si violemment et si injustement un des membres de la commission du banquet; qu'il nous suffise, à cet égard, de faire remarquer que la Commission n'avait nulle connaissance de cette pièce, laquelle n'a effectivement été publiée que postérieurement au banquet, où elle n'aurait pu être reçue à aucun titre, ni comme toast ni comme lettre, et où elle n'a effectivement été produite par personne, quoique certains journaux de la réaction aient mensongèrement insinué le contraire. *(Note de l'Editeur.)*

« mais garantissez-moi donc auparavant que les mauvais
« citoyens, que les modérés, que les *feuillants*, que les aris-
« tocrates ne trouveront aucun accès dans ces assemblées,
« qu'aucun avocat bavard et astucieux ne viendra sur-
« prendre les gens de bonne foi ....
....
« .... Mais que dis-je? Cette faiblesse même
« de l'assemblée, pour ne point employer une expression
« plus forte, ne sera-t-elle pas le moyen le plus sûr de ral-
« lier tous les royalistes, tous les ennemis de la liberté,
« quels qu'ils soient, de les rappeler dans les assemblées
« du peuple qu'ils avaient fuies, quand il vous nomma
« dans ces temps heureux de la crise révolutionnaire qui
« rendit quelque vigueur à la liberté expirante? »

En effet, citoyens, vous figurez-vous l'avantage que
ménagerait aux contre-révolutionnaires de toutes les cou-
leurs, le fait de 36,000 communes passant des mois entiers,
peut-être des années entières, à discuter sur les indispen-
sables réformes que pourrait accomplir en quelques jours
une assemblée nommée dans toute la ferveur de cette Révolution à laquelle nous aspirons? Vous figurez-vous tous
les avocats bavards et astucieux dont parle Robespierre,
prenant et reprenant la parole, obscurcissant les ques-
tions les plus simples, abusant de l'ignorance des âmes
naïves et faciles à tromper, faisant appel à tous les préjugés, et surtout à cet esprit étroit de propriétarisme si
profondément encore empreint dans nos campagnes? Vous
figurez-vous tous ces oisifs qui vivent du travail d'autrui,
s'emparant des assemblées, tandis que les travailleurs seraient retenus par la nécessité de vivre, aux champs ou à
l'atelier?

Et que serait ce, donc, si la République amenait avec
elle la guerre des peuples contre les rois? C'est bien alors
que nous pourrions dire avec Robespierre : « Si les amis
« intrépides de la liberté ne sont point encore immolés, ils
« auront quelque chose de mieux à faire que de discuter
« sur un point de procédure; il faudra qu'ils volent à la
« défense de la patrie; il faudra qu'ils laissent la tribune
« et les assemblées, converties en arènes de chicaneurs,
« aux amis naturels de la royauté, aux riches, aux égoïstes,
« aux hommes lâches et faibles, à tous les champions du
« feuillantisme et de l'aristocratie. Mais quoi! les citoyens
« qui combattent aujourd'hui pour la liberté, pourront-ils
« délibérer dans nos villes et dans nos assemblées, lors-
« qu'ils seront dans nos camps et sur les champs de ba-
« taille? ....
« .... les paisibles citadins auront-ils le
« privilége de décider en leur absence? »

Plus loin, Robespierre ajoute :

« Ainsi, tandis que les citoyens les plus courageux ré-
« pandraient le reste de leur sang pour la patrie, la lie de la

« nation, les hommes les plus lâches et les plus corrompus,
« tous les reptiles de la chicane, tous les bourgeois orgueil-
« leux et aristocrates, tous les ci-devant privilégiés, ca-
« chés sous le masque du civisme, tous les hommes nés
« pour ramper et pour opprimer sous un roi, maîtres des
« assemblées désertées par les vertus simples et indigentes,
« détruiraient impunément l'ouvrage des héros de la liberté;
« ils livreraient leurs femmes et leurs enfants à la servi-
« tude, et décideraient insolemment des destinées de l'E-
« tat! Voilà donc le plan le plus affreux que l'hypocrisie la
« plus profonde, disons le mot, que la friponnerie la plus
« éhontée ose cacher sous le nom de la souveraineté du
« Peuple qu'elle veut anéantir. »

Et qu'on ne dise pas que cette opinion de Robespierre ne se rapportait qu'au fait particulier du jugement
ment de Louis XVI, car, dans le même discours, on lit :

« Ne voyez-vous pas que les assemblées primaires une
« fois convoquées, l'intrigue et le feuillantisme les déter-
« mineraient à délibérer sur toutes les propositions qui
« pourraient servir leurs vues perfides ; qu'elles remet-
« traient en question jusqu'à la proclamation de la Répu-
« blique. »

Eh bien! citoyens, nous pensons, nous, exactement
comme Robespierre; nous voulons le gouvernement di-
rect du Peuple par lui-même, mais nous le voulons possible et réel, et il ne saurait être tel, qu'à la condition
d'être exercé par les mandataires du Peuple, rendus sérieusement responsables et *incessamment révocables*. Il ne
faut pas que les conquêtes que le Peuple a payées du sang
de ses défenseurs les plus dévoués, soient remises en
question; il ne faut pas que les ennemis hypocrites qui,
comme le dit Robespierre, se cachent sous le masque du
civisme puissent, en abusant le Peuple, se servir de lui-
même pour briser l'instrument de sa délivrance.

Au triomphe du Socialisme ! à la souveraineté véritable
du Peuple!

Barthélemy Emmanuel,

Ouvrier mécanicien, proscrit de Juin 1848.

Au moyen extrême !

Frères prolétaires, je porte un toast au moyen extrême,
le seul par lequel le peuple puisse conquérir ses droits, le
seul devant qui se courbent les privilégiés, les oppresseurs,
les tyrans.

Les citadelles, les casernes de nos ennemis sont remplies
de bouches à feu. La devise qu'ils portent, c'est :

Ultima ratio regum ; *la dernière raison des rois.*

Oui, le canon, c'est le droit des rois ; le canon se trouve

placé derrière leur église d'Etat, derrière leurs institutions de justice ; derrière leur système d'exploitation des prolétaires par les classes privilégiées qui les paient ; le canon se trouve même derrière leur science et leurs arts.

Où l'esprit religieux luttait pour l'affranchissement de l'humanité, là montaient vers le ciel les flammes des autoda-fés, là était célébrée l'orgie des massacres, jusqu'à ce que la religion fût redevenue la chaîne de l'esclavage.

Où le droit éternel de la nature humaine trouvait ses défenseurs, là s'élevait la potence, et les canons lançaient le droit des rois jusqu'à ce que la justice fût redevenue un masque hypocrite.

Où la science voulait vaincre les préjugés, source des priviléges, là se montrait la force brutale.

Où le peuple exténué criait « du pain ! », réclamant sa part des dons de la nature, sa part du travail de ses mains, là les canons lui envoyaient, au lieu de pain, de la mitraille.

Frères prolétaires, la force brutale ! voilà ce que l'humanité a trouvé devant elle, sur toutes les routes de son affranchissement.

Toutes les institutions sont comme autant de nuages trompeurs étendus sur l'inégalité, sur l'injustice, et si ces nuages viennent à s'entrouvrir quelque part, ce qu'on aperçoit au travers, ce sont de longues files de soldats, des rangées de législateurs en métal.

Aux yeux des rois, la force ne peut être vaincue que par la force, et c'est avec mépris qu'ils regardent les efforts du Peuple, tant qu'il n'a pas le glaive en main.

Frères prolétaires, en face de la ligue européenne des rois, tout ce que vous voudrez et pourrez faire pour l'amélioration de la position des travailleurs, vous ne devez le considérer que comme conduisant au moyen extrême : l'organisation de la grande armée révolutionnaire des prolétaires. C'est seulement quand les rois et leurs suppôts seront écrasés par nos armes, qu'ils seront à notre merci, sous notre *glaive*, et que la puissance du canon sera pour toujours assurée au Peuple, c'est alors seulement qu'il y aura *possibilité* de commencer la création du nouveau monde, annoncé par nos penseurs, tant désiré par les opprimés.

A l'armée révolutionnaire ! Au moyen extrême !

Auguste WILLICH,

Capitaine d'artillerie, commandant des corps-
francs pendant l'insurrection de Bade.

CITOYENS,

Je suis Allemand ; mais je suis bien sûr que parmi le

nombre de mes compatriotes qui sont venus à ce banquet fraternel il ne s'en trouvera pas un seul qui prenne en mauvaise part, que je prononce des mots français pour exprimer les sentiments qui m'animent dans ce moment. Ah! que n'avons nous une seule langue, pour nous comprendre tous et pour briser toutes les limites qui séparent les nations! Un poète allemand raconte qu'un jour, un européen, se trouvant sur un navire avec des Musulmans, sentit au lever majestueux du soleil, sortant des flots, le désir de dire quelques mots de fraternité à ces Musulmans, ses frères, dont il ne parlait pas la langue. Il leva les mains vers le ciel et s'écria : « Mohamed! » pour montrer à ses frères, qu'il voulait les aimer; — et les Musulmans qui comprenaient bien ce qu'il voulait dire, et qui avaient, eux aussi, le désir de lui répondre, s'écrièrent : « Napoléon! »

Je ne suis ni musulman, ni napoléoniste, mais je respecte la langue du cœur, quand elle est dictée par la fraternité.

Après ce que je viens de dire, citoyens, il me sera bien permis de parler de nationalité sans craindre une fausse interprétation de mes paroles.

Nos frères les Français ont toujours été aux avant-postes, et, parmi les titres de gloire que dans les conquêtes de la liberté, chaque peuple a le droit de revendiquer, c'est certainement celui là qui appartient aux braves Français. La typographie, la réformation, la philosophie et d'autres mérites, donnent à mes compatriotes un titre pour se trouver au centre des argonautes de la liberté. J'aime mes frères de tous les peuples, mais j'avoue la prédilection que j'ai toujours eue pour ces intrépides tirailleurs, qui ont tant de fois engagé le combat et qui l'engageront encore. Les Français dans l'oppression promettent plus que s'ils vivaient sous le régime de cette liberté postiche qu'on voit ailleurs; et j'ai toujours l'espoir, — que dis-je? l'espoir? — non! j'ai la conviction que les Français sont encore et resteront jusqu'à la victoire générale de tous les peuples : *aux avant-postes de la liberté.*

Vivent les sentinelles avancées de la liberté !
Vivent nos frères les braves Français !

Dr FRANCK,

commandant de la garde mobile de Vienne
pendant l'insurrection.

A nos frères les Démocrates de la Grande-Bretagne et de l'Irlande.

FRÈRES ET CITOYENS,

Au nom de mes frères du continent, je viens remercier les démocrates de la Grande-Bretagne et de l'Irlande de leur sympathie pour la cause des nations opprimées, de leur sympathie pour les exilés qui ont été jetés sur les rivages de l'Angleterre par les tyrans de l'Europe.

Quelques-uns de nos frères, qui n'avaient jamais vu cette contrée, ont pu croire un instant, par l'absence de tout sentiment généreux dans la presse anglaise pour les opprimés, par les sympathies de cette même presse pour les oppresseurs, par les attaques et les calomnies dirigées contre le caractère de nos luttes, que le peuple anglais était hostile à notre cause.

Cette erreur, si elle a existé, a complétement disparu : nous savons tous aujourd'hui que la grande majorité du peuple anglais était d'esprit avec nous, et que s'il avait eu voix délibérative dans le gouvernement de son pays, l'épée de l'Angleterre eût été tirée depuis longtemps pour l'héroïque Pologne, pour les braves Hongrois, pour Rome, pour l'Allemagne opprimée, l'épée de l'Angleterre, Citoyens, eût été tirée pour la Liberté, l'Egalité, la Fraternité !

Dans la sympathie des démocrates anglais, nous reconnaissons les véritables sentiments d'une brave et généreuse nation, d'une nation qui a combattu elle-même, vaincu et puni ses propres oppresseurs.

Cette sympathie nous donne une satisfaction entière, satisfaction égale au moins à celle que nous donnent la haine et les calomnies de cette presse qui est à la solde des classes privilégiées, à la solde d'un sordide égoïsme.

Si une telle presse publiait nos louanges, comme ce philosophe de l'antiquité, nous nous arrêterions inquiets, pour nous demander si nous n'aurions pas commis quelque erreur, si nous n'aurions pas quelque tort à nous reprocher. La haine et les persécutions de votre presse aristocratique font notre gloire !

En effet, Citoyens, plus un parti, plus un individu, sont haïs, calomniés, persécutés par la presse des classes privilégiées, plus ce parti, plus cet individu grandissent dans la confiance du peuple. — Les ennemis du peuple ne sauraient nous vaincre !

Dans la sympathie du vrai peuple de la Grande-Bretagne et de l'Irlande, Citoyens, nous reconnaissons encore les signes des temps. Elle touche à sa fin, l'époque où les armées d'une nation marchaient contre une autre nation pour livrer les batailles des tyrans, pour opprimer et égorger des hommes dont le seul crime était de combattre pour la liberté. La grande et vraiment sainte alliance, l'alliance des nations est commencée, et, à l'aspect de ses étendards glorieux, l'alliance impie des despotes disparaîtra comme les ténèbres devant les rayons du soleil.

Citoyens, nous, prolétaires de toutes les contrées, notre intérêt est commun, et, par conséquent, notre devoir est de nous tenir fermes, serrés les uns contre les autres à l'heure du danger. Oui, lorsque la dernière et sainte guerre commencera, la guerre des opprimés contre les oppresseurs, lorsque viendra pour les peuples invaincus et invincibles l'heure, peu éloignée peut-être, de pousser leur cri de guerre, de guerre d'extermination contre les rois, puisse alors le peuple anglais être assez fort et assez uni pour forcer son gouvernement, non pas à contempler paisiblement la lutte, mais à courir aux armes et à prendre parti pour la cause de la justice et de l'humanité!

A nos frères les Démocrates de la Grande-Bretagne et l'Irlande (1)!

CHARLES SCHAPPER,
Réfugié allemand.

A la fraternité des nations.

CITOYENS,

La terre, cette propriété commune de l'humanité, est, par le fait même de sa structure, divisée en plusieurs continents. Mais les hommes qui peuplent les diverses fractions du globe ont-ils des besoins différents? ne naissent-ils pas, ne meurent-ils pas tous de la même manière? n'expriment-ils pas leurs passions, leurs idées, par les mêmes moyens? Leurs sensations ne sont-elles pas à peu près uniformément éveillées? Enfin y a-t-il dans le monde deux hommes qui ne soient pas pourvus des mêmes organes? Assurément non. D'où viennent donc alors les divitions qui désolent l'humanité? Qui donc a posé les barrièses qui séparent les peuples, et en font autant de grandes individualités toujours prêtes à s'entre-dévorer? Qui entretient ces haines, ces guerres de peuple à peuple? Sont-ce les peuples eux-mêmes? Qui oserait l'affirmer? Personne! pas même ceux qui, par intérêt de domination, ont créé cet hideux état social.

Puisque les hommes de tous les pays ont les mêmes besoins, sont pourvus des mêmes organes, pourquoi tant de nations sur un même continent? Pourquoi cette profonde divergence entre tous les peuples du globe? Pourquoi, d'uncommun accord, tous ne travaillent-ils pas au bonheur de tous? Pourquoi? parce que le despotisme, pour asseoir son empire, a compris qu'il fallait créer à chaque peuple, à chaque homme, un intérêt opposé à celui de ses semblables. Puis, le principe de l'individualisme admis, on a élevé des barrières presque infranchissables et pour les hommes et pour les choses; on a créé une concurrence effroyable, mortelle, entre les producteurs et les produits. On est enfin parvenu

(1) Ce toast a été prononcé en anglais.

à faire croire à chaque nation que, dans les autres nations, elle n'avait que des ennemis ; et, conformément à la vieille formule monarchique, *diviser pour régner*, on a lancé les peuples les uns contre les autres ; on les a fait s'entre déchirer, et cela au plus grand profit de la tyrannie ; enfin, pour donner le change aux sentiments de l'homme qui voit dans son semblable autre chose qu'un tigre, on a soldé des écrivains (il s'en est toujours trouvé d'assez vils) pour glorifier les ignobles boucheries humaines qu'on appelle batailles ; et les peuples, abrutis par la misère, l'ignorance et l'esclavage, ont cru qu'il était glorieux de s'égorger à heure fixe.

Mais, il faut le dire à la gloire de la démocratie, à la gloire aussi des martyrs de la liberté, à toutes les époques, chez tous les Peuples, des hommes se sont rencontrés assez énergiques, assez courageux pour flétrir ce système social et ses glorificateurs.

Parcourez l'histoire, et voyez : chaque fois qu'un novateur s'est produit, les tyrans de tous les pays, unis comme un seul homme, comme devraient l'être les Peuples, se sont levés, ont lancé les armées sur l'idée, comme si on tuait une idée à coup de baïonnettes.

Mais parce qu'on a emprisonné, torturé, brûlé, crucifié les hommes, l'idée est-elle morte ? a-t-elle même cessé de faire des prosélytes ? Je ne veux pour réponse que citer les dernières années que nous venons de traverser, et, en présence de ce résultat, je le demande, ceux qui rêvent le retour de la tyrannie ne sont-ils pas insensés ? Et pourtant il y a encore des espérances. On croit, ou plutôt on feint de croire la chose possible. Aussi avec quel soin on entoure les faibles. Comme partout les hommes du passé se posent comme les héros de l'avenir. Voyez, malgré tout ce qu'on sait de leur aménité, avec quel air onctueux ils parlent de fraternité.

Mais, Séides de la tyrannie, vous avez un passé, un long et hideux passé. Depuis les temps les plus reculés vous gouvernez le monde. Vous avez un système social. Vous avez pu, vous avez dû faire de la fraternité. Voyons donc ce que sont vos œuvres.

D'abord les partisans de la tyrannie se sont donné un maître. Ces gens-là ne savent qu'être lâchement courbés ou lâchement insolents. Ils ignorent les plus simples notions de l'indépendance. Pour nous, c'est tout autrement : ni maître ni valet. Etre assez sage pour accomplir son devoir et assez ferme pour exiger son droit, telle est notre doctrine.

Que l'idole soit maladive, impotente, stupide, imbécile même, cela ne fait rien, il faut consacer le principe de la servitude. Le choix fait, chacun se met à l'adorer et à le trahir de son mieux. Ceux qui ne sont pas admis à faire fumer *l'encens, se font conspirateurs.* Ce rôle est aussi utile au despotisme que l'autre ; outre qu'il lui fournit les moyens de comprimer la société entière, il l'aide puissamment à persécuter, à martiriser les cœurs purs, dévoués à l'humanité. Toute la science gouvernementale de la tyrannie consiste en ceci : deux jeux d'intrignes se faisant contre-poids, se soutenant mutuellement, et broyant sans pitié tout ce qu'ils ne peuvent corrompre.

Comme un pareil système ne pouvait se tenir debout tout seul, on l'a étayé sur quelques cent mille soldats. On a pris les enfants du Peuple, on les a soumis à une règle brutale, inflexible, et, chaque fois que le père se lève pour réclamer son droit méconnu, il se trouve face à face avec son fils qui doit l'égorger, à peine d'être fusillé.

Telles sont, citoyens, au point de vue gouvernemental, les doctrines des hommes du passé. Au point de vue social, c'est autre chose.

Les intrigants se sont divisé le sol dont ils se sont déclaré possesseurs ; ils se sont aussi partagé les hommes qu'ils ont déclaré leur appartenir. Ainsi, dans certaines contrées de l'Europe, on voit encore aujourd'hui le sol et les hommes qui le cultivent, et, chose incroyable, ces hommes, ainsi transmis par droit d'héritage, tout misérables qu'ils sont, souffrent encore moins que les ouvriers des pays libres.

En effet, jetez un regard sur nos populations manufacturières, voyez quelle affreuse misère les dévore !

Courbés sous un travail excessif, recevant à peine pour ne pas mourir de faim, les ouvriers des manufactures sont livrés à toutes les horreurs de la misère dès que la force les abandonne.

Pour sortir de l'état horrible dans lequel ils se trouvent fatalement plongés, aucune issue, si ce n'est les dépôts de mendicité, et encore pour être admis dans ces bouges hideux, il faut être flétri par la loi.

Ainsi, quand il a donné à la société toute sa force, toute son activité, toute son intelligence, si le travailleur dit : Je n'ai plus la force de produire, mais j'ai encore faim, la société lui répond : *Fais-toi vagabond, et je te nourrirai.*

Dans ces derniers temps, la tyrannie, poussée par l'esprit du progrès, a dû faire quelque chose. Elle a créé des hospices pour les malades, beaucoup de nous savent comment on y est traité. Puis les bureaux de bienfaisance et en dernier lieu l'assistance publique.

Avilir, dégrader l'homme, en le rendant mendiant, après l'avoir fait esclave, telle est le grand œuvre de la fraternité monarchique ; prendre un peu du superflu des uns, le donner à ceux que l'ordre social actuel réduit à la misère, voilà tout le système.

Ainsi vous le voyez, à toutes les époques de l'histoire, l'individualisme a prédominé aussi bien pour les relations de peuple à peuple que pour celles d'individu à individu.

C'est à l'aide de ce dissolvant funeste, terrible que l'aristocratie de tous les temps, de tous les pays a fait couler
des flots de sang humain, a élevé tant d'autels à l'égoïsme,
à la prostitution, et tant d'hécatombes à la misère.

Partout les mêmes hommes, partout les mêmes moyens.
partout les mêmes souffrances.

C'est, indigné de tant d'infamies que je suis entré dans
la lutte. C'est profondément convaincu que la régénération
sociale ne peut avoir lieu qu'en anéantissant complètement.
l'ordre qui régit le monde depuis tant de siècles, que je
combats l'individualisme partout où il est contraire au sentiment de la fraternité.

Ainsi que je vous l'ai dit, citoyens, tout le système fraternel des monarchistes, consiste en ceci : Prendre un peu du
superflu des uns, pour le donner à ceux qui souffrent. Et il
est encore aujourd'hui beaucoup de gens de bonne foi qui
croient que le monde serait parfaitement heureux, si le
riche donnait un peu de son or pour aider celui qui a faim.

Ce sentiment là, c'est la philantropie monarchique, c'est
l'homme qui a le ventre plein offrant un os à ronger à celui
qui n'a pas mangé la veille.

La fraternité ne donne pas un sou à celui qui a besoin,
elle n'admet ni riche, ni pauvre, ni maître, ni esclave ; elle
veut tous les hommes également libres, également heureux : elle veut pour tous une place égale au banquet de la
vie.

La fraternité, c'est cette douce et sainte partie du cœur,
ce sentiment ineffable qui nous fait croire à l'amour des
autres et nous montre un ami dans chaque être humain.

C'est enfin cette généreuse doctrine prêchée par l'Homme-
Dieu, il y dix-huit siècles et demi, et qui, à travers les
persécutions et les buchers, est venue jusqu'à nous pour
régénérer le monde et nous réunir sur la terre d'exil.

Un jour viendra, et ce jour est proche, je l'espère, où
l'Europe, le monde n'aura plus qu'une seule loi, une seule
vie, une seule bannière, la loi, la vie, la bannière de la
fraternité ; Ce jour là, citoyens, la vérité élèvera enfin ses
autels sur les débris du vieux monde, de ce monde si hi-
deusement égoïste et corrompu, de ce monde qui nous per-
sécute parce que nous crions avec le philosophe de Jérusa-
salem : Les hommes sont égaux et frères.

FANON, ouvrier ébéniste,
Proscrit de la Solidarité républicaine.

A la Liberté par l'Egalité.

Si l'on me demandait quel est le mot dont on a le plus
abusé dans notre civilisation moderne, celui qui a le mieux

servi à masquer l'oppression et à déjouer le désespoir de ses victimes, je répondrais : c'est le mot Liberté.

De ces deux hommes, faits tous les deux, dit-on, à l'image de Dieu, le premier vend la vie, oui la vie même, et le second l'achète : laissez passer la liberté des transactions !

Schylock, un contrat dans une main et un couteau dans l'autre, va tailler dans la poitrine de son débiteur Antonio a livre de chair convenue : laissez passer la liberté du capital !

La concurrence donne la nature inanimée pour rivale à la nature qui pense, qui sent et qui souffre ; elle remplace par le travail d'une machine, qui n'a jamais faim, celui d'un être vivant, qui meurt si l'emploi manque ; elle montre à la place de l'homme disparu une manivelle qui tourne : laissez passer la liberté de l'industrie !

La Bourse est ouverte : laissez passer la liberté de l'agiotage !

Mais que ce malheureux au visage pâle n'invoque pas la pitié du passant ; que ce prolétaire sans asile ne s'endorme pas sur le pavé entre deux rangées de palais vides : est-ce qu'on laisse passer la liberté de la misère ?

Dieu en soit loué ! On n'est pas encore parvenu à s'approprier exclusivement les rayons du soleil. Sans cela on nous aurait dit : Vous paierez tant par minute pour la clarté du jour, « et le droit de nous plonger dans une nuit éternelle, on l'aurait appelé Liberté !

O Liberté ! Liberté ! déesse des cœurs fiers, que de tyrannies se sont donné carrière en se couvrant de ton nom !

Il est temps de couper court à ces grandes hypocrisies. Vous me parlez de ce que la Liberté vaut ? Je veux d'abord savoir ce qu'elle est.

Or, je la trouve définie avec autant de netteté que de profondeur dans la Déclaration des Droits, par Robespierre : « La Liberté est le pouvoir qui appartient à l'homme « d'exercer, à son gré, toutes ses facultés : elle a la justice « pour règle, les droits d'autrui pour bornes, la nature pour « principe et la loi pour sauvegarde. »

Qu'on remarque bien le mot pouvoir, car il contient toute une doctrine.

Droit, pouvoir ! Entre ces deux idées il existe la même différence qu'entre théorie et la pratique, l'abstraction et la réalité, l'ombre et le corps. Qu'importe que vous disiez à ce paralytique qu'il a le droit de se lever et de marcher ? Il lui en faut le pouvoir. Donnez-le lui, médecins qui ne voulez point passer pour de misérables charlatans : il vous bénira.

La question se réduit donc à rechercher quel est l'ordre social dans lequel chacun pourrait le mieux développer, à son gré, toutes ses facultés, sans nuire au développement de celles d'autrui.

On a reproché aux idées que nous servons de conduire à l'anéantissement de la liberté individuelle, au pur despotisme. Accusation inepte! Accusation insensée! Elle est née chez les uns de la mauvaise foi; chez les autres, elle atteste la plus grossière ignorance. Nous, ennemis de la Liberté? Mais ce qui a fait couler en nos veines, dès notre entrée dans la vie, l'amour de la République avec le sang, ce qui a toujours été l'objet de nos aspirations les plus vives, ce qui nous anime et nous remplit contre l'individualisme d'une haine indomptable, ce qui nous rend le principe d'association si cher, ce qui nous pousse à réclamer si ardemment l'intervention démocratique de l'État dans la grande affaire du peuple à affranchir, c'est..... LA LIBERTÉ.

Voyons ce qu'elle serait dans l'ordre social que notre profession de foi indique.

Dans un pareil état social, la communauté toute entière étant appelée à veiller à l'existence de chacun de ses membres, les enfants grandiraient sous l'aîle des parents sans avoir à souffrir de la pauvreté paternelle. Donc, plus de malheureuses créatures forcées de travailler à sept ans ou de se prostituer à dix-sept; plus d'infanticides par misère; plus d'hospices ouverts à la maternité qui s'abdique; plus de *tours* ménagés à la pudeur de la femme qui, en sacrifiant le fruit de ses entrailles, ne garde plus que la force de rougir. Et ainsi, pour des milliers d'êtres, LA LIBERTÉ DE VIVRE se trouverait à la place du despotisme le plus barbare, au seuil même de la vie.

L'éducation étant commune, gratuite et, au profit de l'enfant, obligatoire, nul n'aurait à gémir de cet étouffement de l'esprit, de cette compression du cœur, par où se révèle le despotisme de l'ignorance; nul ne serait privé de cette éducation qui est au LIBRE développement de l'homme ce qu'est l'eau dont elles sont arrosées au LIBRE développement des plantes.

Toutes les fonctions utiles étant réputées également honorables et leur diversité n'ayant point pour effet de mettre les jouissances d'un côté et les privations de l'autre, plus d'obstacle à ce que chacun choisît la fonction qui correspondrait le mieux à ses goûts et à ses aptitudes; un homme né pour être, comme Louis XVI, un brave et excellent serrurier, ne serait pas mis au faîte de l'État, proie destinée à l'échafaud : un homme né avec du génie ne se trouverait pas relégué, dès sa naissance, dans l'abrutissante obligation de façonner, sa vie durant, à douze heures de travail par jour, des têtes d'épingle; de sorte que le despotisme du hasard serait chassé du classement des fonctions sociales et remplacé par la première des libertés : LA LIBERTÉ DES VOCATIONS.

La répartition des jouissances sociales ne se réglerait plus sur la différence des grades hiérarchiques; ces grades, quels qu'ils fussent, ne coaféreraient plus aucun privilége, et, d'un autre côté, nul n'aurait pour supérieurs, hiérarchiquement que ceux qu'il aurait eu lui-même intérêt à élire tels. Il y aurait donc commandement désintéressé de la part des uns et volontaire obéissance de la part des autres : où serait le despotisme ? Et quelle part plus grande pourrait être faite à la LIBERTÉ·

Comme nul ne serait tenu de travailler ni au-delà de ses forces ni en dehors de ses aptitudes, et que nul, — dans un état de société où la masse des richesses serait centu·plée par l'union des forces substituée à leur ruineux antagonisme, — n'aurait à recevoir moins que ses besoins et ses goûts n'exigeraient, le despotisme du travail répugnant et imposé ferait place à la LA LIBERTÉ DU TRAVAIL CHOISI, en même temps que la LIBERTÉ DE L'ABONDANCE se montrerait où nous ne vcyons aujourd'hui que le despotisme de la faim.

Et qu'on n'objecte pas l'impossibilité ou la difficulté d'atteindre à cet idéal. Car, il ne s'agit pas, en ce moment, pour nous, de prouver que nos doctrines sont réalisables, chose bien facile du reste à démontrer : ce qu'on nous oppose, ce à quoi nous avons à répondre, c'est quelles contiennent le despotisme. Là est l'unique point en discussion, et on ne doit point s'en écarter, sous peine de tout confondre.

Or, y eut-il jamais folie comparable à celle de nos adversaires, lorsqu'ils s'en viennent déclarer contraire à la liberté un ordre social dans lequel chacun recevrait le POUVOIR d'exercer toutes ses facultés, le POUVOIR de satisfaire tous ses besoins et tous ses goûts, le POUVOIR enfin de vivre selon les lois de son organisation et d'accomplir sa destinée sur la terre selon les lois de la nature ?

Mais combien l'étonnement redouble quand on songe à la défense de quel régime se prostituent ceux qui se présentent comme nous les amants de la liberté. Interrogeons la société actuelle, et cherchons-y l'histoire de l'HOMME LIBRE.

A peine est-il pour entrer dans la vie, que le fils du pauvre rencontre, debout sur le seuil, un despotisme impalpable, mystérieux, mais plus cruel mille fois que tous les despotismes à visage humain, lequel s'empare aussitôt de lui comme d'une proie. Ne demandez pas si l'enfant qui vient de naître a reçu de la nature le goût des arts, la passion de la science, la flamme du génie : est-ce que l'esprit et l'âme du pauvre ne sont pas d'avance condamnés à un étouffement prématuré ? ne demandez pas sa vocation : est-ce que le fils du pauvre n'est pas aux ordres de la misère, tyran stupide, aveugle et sourd, qui, dans la distribution du travail imposé à ses victimes, ne s'inquiéta jamais de leurs aptitudes ou même de leurs forces ? Mais voici, pour l'enfant, l'âge de l'insouciance et des jeux : cet âge, du moins, lui appartiendra-t-il ? Le laissera-t-on respirer l'air à pleins poumons, jouir librement de l'espace et courir au soleil ? Non : il faut que déjà, déjà, il sépuise à grossir de quelques centimes, douloureusement gagnés, l'insuffisant budjet de la famille. Ce qu'on lui donne à respirer, au lieu de l'air embaumé des jardins, c'est une atmosphère chargée de coton. Adieu l'espace, adieu le soleil ! La manufacture voisine réclame l'infortuné, et peut-être n'en sortira-t-il, à vingt ans, que le corps débile, le visage hâve, le dos voûté comme un vieillard. Nouvelle phase de sa liberté : il devient soldat. Cette terre où ni lui ni les siens n'ont une pierre où reposer leur tête et que ceux qui la possèdent se dispensent à prix d'or de défendre, il la lui faut défendre, lui, au péril de sa vie, trop heureux si on l'envoie contre l'ennemi et si on ne lui fait pas un point d'honneur d'aller tuer sur quelque barricade de la patrie des concitoyens parmi lesquels peut se trouver son père ! Le temps du service militaire expiré, le voilà gagnant sa vie comme il peut, travaillant jusqu'à dix heures par jour rien que pour ne pas mourir, perpétuellement réduit à cotoyer la faim entre la maladie et le chômage, puis se mariant et mettant au monde des enfants à nourrir, au risque de renouveler, non plus dans la solitude d'un cachot, mais sur le passage de ses semblables, au bruit des fêtes, devant des tables somptueusement servies, le funèbre épisode d'Ugolin ! Vieux, s'il lui est donné de devenir vieux, qu'il meure vite ! Le commencement de sa liberté, c'est la mort.

Voilà, dans la société actuelle, l'histoire de l'HOMME LIBRE. O dérision sans égale ! ô hypocrisie !

Que l'on compare, maintenant, et que l'on juge.

Il est vrai que ce qui précède n'est point, dans la société actuelle, applicable à tous : mais n'est-ce donc pas assez, n'est-ce pas trop qu'on le puisse appliquer au plus grand nombre ? Encore me serait-il facile, après avoir analysé la mensongère liberté du pauvre, de montrer à combien de vicissitudes le régime aléatoire où nous sommes expose la liberté réelle du riche et combien d'amertumes le vice de nos institutions cache dans le bonheur !

Il est vrai, aussi, que, dans l'ordre social nouveau, personne n'aurait :

Ni la liberté d'empiéter sur la part de ses frères, dans l'exploitation du grand domaine donné par Dieu à l'humanité ;

Ni celle de s'assurer, par l'accaparement des instruments du travail, le moyen de jouir des fruits du travail, à l'exclusion du travailleur ;

Ni celle d'asservir l'homme au capital, la richesse vivante à la richesse morte ;

Ni celle, comme dit énergiquement saint Ambroise, de

s'enrichir par des malheurs, de chercher son profit dans les larmes, de se nourrir de la faim d'autrui ;

Ni celle d'armer la moitié des pauvres pour contenir par elle l'autre moitié.

Si ce sont là les libertés dont on redoute la perte, qu'on ose le dire ; qu'on ose, jetant le masque, recommander à nos respects la liberté d'être tyran!

Qu'on reprochât à nos doctrines de reposer sur une hypothèse difficilement admissible, celle d'une égale liberté pour tous, nous concevrions ce reproche, sans toutefois l'admettre ; mais qu'on nous combatte comme prôneurs d'un régime de compression et de despotisme, tant d'audace et d'absurdité nous confond.

« Admettons, dit excellemment Morelly dans le deuxième chapitre de *la Basiliade*, admettons que la libre activité de l'homme verse dans le fonds commun plus que n'y peuvent puiser les besoins, il est clair que les lois, les réglements sont à peu près inutiles, puisque à toute fonction nécessaire répond un goût naturel, une vocation arrêtée dans les individus. Les avis des chefs seront reçus avec plaisir ; personne ne se croira dispensé d'un travail que le concours unanime des efforts rendra attrayant et varié. Et les différents emplois ne seront plus des travaux mais des amusements. Rien ne serait plus facile que la législation d'une telle réunion fraternelle ; 'car, de la liberté la plus illimitée résulterait l'ordre le plus parfait. C'est bien alors vraiment qu'on pourrait s'en remettre à la bonne nature, et n'accepter pour règle de conduite que ce précepte inscrit par Rabelais sur la porte de l'abbaye de Thélème : « *Fay ce que vouldras.* »

Mais partout où règne l'individualisme, partout où il y a des hommes, que la nature a faits inégaux en force et en intelligence, se regardant presque comme ennemis et se combattant l'un l'autre, au sein d'une concurrence implacable, au milieu d'une confusion universelle ; partout enfin où l'antagonisme des efforts se montre, comme aujourd'hui, à la place de leur harmonieuse et fraternelle association, comment chacun pourrait-il être admis *à faire ce qu'il veut?* Ce serait l'anarchie, laquelle n'est, après tout, qu'une oppression tumultueuse. Or, que m'importe que la tyrannie s'exerce par voie de commandement ou par voie de *laissez-faire?* Dans l'un et l'autre cas, elle me ferait horreur, et, quand elle frappe, je regarde, non pas à son masque, mais à ses coups. Qu'en vertu d'un ordre faux et de règles oppressives, l'assassinat par l'usure ait son cours, ou bien qu'en vertu de l'anarchie un brigand puisse égorger sur le grand chemin les voyageurs désarmés, c'est toujours la tyrannie, et je ne me sens disposé à saluer de ce beau nom de liberté ni les droits légaux de Schylock, ni la supériorité de fait de Mandrin.

La Liberté ! Ah ! qu'on la définisse donc enfin d'une ma-

nière philosophique, claire et complète ; qu'on ne la sépare
pas de l'Egalité et de la Fraternité, ses compagnes divines ;
qu'on reconnaisse que, pour exister véritablement, il faut
qu'elle appartienne à tous, à tous sans exception !... Mais
ceci... c'est la Liberté par l'Egalité !

Louis Blanc.

Au développement de l'intelligence et du sentiment moral dans l'homme par l'ÉGALITÉ.

Citoyennes et Citoyens,

Le développement le plus complet possible de la nature
humaine, soit comme facultés à exercer, soit comme besoins
à satisfaire, tel doit être le résultat du triomphe de l'Égalité.

Que chacun donne à la société tout ce qu'il *peut*, voilà
le *devoir*.

Qu'en retour, chacun reçoive, dans la mesure des res-
sources communes, tout ce qu'il lui *faut*, voilà le *droit*.

Mais, en formulant ainsi la double loi de l'avenir, est-ce
à dire que nous ayons jamais pensé à réduire les besoins
de l'homme, la plus noble créature qui soit sur la terre,
à des nécessités purement physiques et matérielles ? Non,
citoyens, mille fois non. Nous savons aussi bien et mieux
sans doute que ceux qui nous combattent, qu'il y a dans
l'homme l'être physique et l'être moral ; nous savons que
ces deux natures sont si étroitement liées entre elles, que
chacune souffre également des privations que l'autre en-
dure ; nous savons que l'esprit fléchit sous les peines du
corps, de même que le corps se laisse abattre par les dou-
leurs morales ; nous savons, enfin, qu'en dehors des ap-
pétits , il est de l'estomac en nous des besoins d'arts,
d'imagination, de poésie, des besoins qui ont leur source
dans la partie la plus élevée de notre âme, et ceux-là,
aussi, nous réclamons pour tous, pour tous sans exception,
le *droit* et le *pouvoir* de les satisfaire.

Oui, des laboratoires pour les savants, des bibliothèques
pour les gens de lettres, des musées pour les artistes, des
spectacles pour les hommes d'imagination, et, pour le
peuple tout entier, non-seulement le pain du corps , mais
encore le pain de l'âme, — vie physique et vie morale, —
c'est-à-dire, participation aux fruits de la terre, et participation à tout ce qui élargit l'esprit et remue le cœur ; voilà
ce que nous voulons.

Qu'osent donc prétendre les adversaires du socialisme,
quand ils ont l'impudeur de donner pour effet à nos doctrines l'abaissement du niveau moral de l'espèce humaine ?

Est-ce que demander pour tous l'éducation commune, obligatoire et gratuite, ce n'est pas vouloir reculer les limites du domaine de l'intelligence ? Est-ce qu'imposer à chacun l'obligation de produire selon ses facultés, ce n'est pas multiplier les trésors du monde moral ? Est-ce que pousser droit à l'abolition de la misère par l'association des forces, ce n'est pas tendre à faire disparaître les vices et l'ignorance que la misère engendre ?

Il vous sied bien, en vérité, Sardanapales modernes, de nous accuser de sensualisme, parce que nous voulons que personne ne manque de pain, de vêtements et de gîte ! Sachez donc, ô docteurs du privilége, ô vous, dont le spiritualisme édifiant s'exalte dans les fumées des vins les plus exquis, se plaît au sein des fêtes somptueuses, et préfère aux rigueurs de la vie ascétique les joies mondaines d'opulentes débauches, sachez donc, dis-je, que si nous combattons la misère, ce n'est pas seulement parce qu'elle opprime le corps, c'est aussi, c'est surtout parce qu'elle tend à dégrader l'âme ; c'est parce qu'elle étouffe, dès le berceau, l'intelligence de millions d'enfants du peuple ; c'est parce qu'elle laisse dans une infinité de jeunes cœurs le sentiment moral sans culture ; c'est parce qu'elle soumet des organisations que l'éducation aurait faites grandes et riches, à des entraînements ou grossiers ou funestes ; c'est parce qu'elle remplit les prisons aussi bien que les hôpitaux, et les bagnes aussi bien que les hospices ; c'est, enfin, parce qu'elle crée, combinée avec l'ignorance qu'elle enfante, et les prostituées, et les voleurs et les assassins !

Citoyens, au développement de l'intelligence et du sentiment moral dans l'homme par l'*Égalité !*

LANDOLPHE.

A la victoire de notre cause, à l'affranchissement du proletariat !

CITOYENS,

Unissons-nous, unissons-nous, si nous voulons vaincre une fois pour toutes ; unissons-nous pour éclairer les opprimés par la parole et par la plume ; unissons-nous pour leur enseigner leurs droits et leurs devoirs dans la nouvelle société qui se prépare. A bas les différences de classes et place à l'*Egalité !* A bas les rivalités de nation à nation, et place à la *Solidarité* des peuples ! Les Socialistes ne sont pas de tel pays ou de tel autre, ils sont membres de l'humanité, ils sont citoyens du monde ! Toute révolution qui se confine dans ses limites territoriales, le passé nous l'a montré, est une révolution morte. La cause que nous défendons est la cause de tous les pays, la cause de tous les peuples ; l'ennemi est notre ennemi à tous ; il est fort et puissant, unissons-nous donc encore une fois, citoyens, pour la sainte guerre de l'humanité, et alors nous verrons se réaliser la sublime maxime—Tous les hommes sont frères !

A l'affranchissement du prolétariat ! (1)

A. GEBERT.

CITOYENNES ET CITOYENS,

A l'Egalité politique et civile de l'homme et de la femme !
S'il est une vérité incontestable, c'est que la condition des familles est liée entièrement à la condition des femmes. Or qu'elle est aujourd'hui la condition des femmes ?

Si j'ouvre en France le livre de nos lois modernes, j'y vois les femmes rangées parmi les INCAPABLES, c'est-à-dire, d'après la définition donnée dans ces mêmes lois, parmi les mineurs, les interdits, les prodigues, LES GENS D'UNE INCONDUITE NOTOIRE.

Et ne croyez pas que de cette INCAPACITÉ de la femme, écrite dans la loi avec tant d'injustice et d'insolence, le législateur ait fait une simple affaire de définition : non ; le principe une fois posé, on en a déduit toutes les conséquences avec une logique, qui est le plus grand de tous les scandales. Ecoutez :

« Le mari administre SEUL les biens de la communauté. « (art. 1421.) »

« Le mari peut vendre, aliéner et hypothéquer, SANS le « concours de la femme, tous les biens de la communauté. « (art. 1423.) »

« C'est le père SEUL, qui exerce en fait l'autorité qui « appartient en droit au père et à la mère sur l'enfant. « (art. 372.) »

« L'enfant ne peut se marier sans le consentement de son « père et de sa mère ; mais en cas de dissentiment, le « consentement du père suffit. (art. 148.) »

« Le père peut empêcher l'enfant de quitter la maison paternelle ; s'il a des sujets de mécontentement, il peut le faire détenir pendant un mois. » Et la mère ? La loi se tait.

Ainsi, comme le fait remarquer dans un livre récent Ernest Legouvé : « La mère est légalement impuissante à « défendre ses enfants, impuissante à les corriger, impuis-« sante à les diriger, impuissante à les marier, impuissante « à les retenir. Une telle loi n'est-elle pas un crime de lèse-« majesté maternelle ? »

(1) Ce toast a été prononcé en langue allemande.

Oui, telle est, dans un des pays les plus éclairés du monde la condition faite aux femmes. Non-seulement toute vie politique leur est interdite, mais jusque dans la famille, qui semblerait devoir être plus particulièrement leur domaine, leur esclavage se trouve légalement assuré et consacré. Est-il rien de plus inique, de plus insensé, de plus odieux.

On parle toujours des droits de l'homme ; mais il y a citoyens, quelque chose de supérieur aux droits de l'homme ; c'est le droit de L'Etre humain, Or l'Etre humain, ce n'est pas plus l'homme, pris à part, que la femme, prise à part : l'Etre humain, c'est l'homme et la femme unis ; qu'une seule de ces deux grandes moitiés de l'univers intelligent disparaisse ou soit opprimée, l'humanité, dans le vrai sens de ce mot, l'humanité n'est plus !

La femme n'est ni inférieure ni supérieure à l'homme. De leur dissemblance, il n'y a rien à conclure pour la subordination de l'un à l'autre, il y a tout à conclure pour leur harmonie sous la loi de l'Egalité ; et leurs facultés, soit morales, soit physiques, doivent recevoir le même degré de développement, parce qu'il est dans le vœu de la nature, parce qu'il est dans l'intérêt de la société, que ces facultés différentes se complètent par leur union.

Qui pourrait nier que l'influence des mères sur l'éducation de leurs enfants ne soit décisive, quand elle trouve à s'exercer librement, et qu'elle ne soit admirablement féconde quand elle est éclairée ? Pourquoi donc resserrer dans d'étroites et obscures limites l'éducation de la femme elle-même ? Si vous voulez que vos enfants apprennent le vrai patriotisme, laissez les mères l'apprendre d'abord : elles sauront bien l'enseigner !

Eh quoi ! on trouve bon que les hommes combattent pour leur liberté, qu'ils réclament le droit de décider par eux-mêmes de ce qui convient à leur bonheur, et les femmes seraient condamnées à subir en silence des lois faites en dehors d'elles, sans elles et contre elles ! L'inconséquence est monstrueuse.

Qu'on n'objecte pas que la femme est sujette à des entraînements irréfléchis ; que, chez elle, le sentiment l'emporte d'ordinaire sur la raison ; qu'en un mot, il importe, dans son propre intérêt, de la ranger comme ont fait les auteurs de nos codes, parmi les INCAPABLES !

Et d'abord pour être autorisé à tenir ce langage, qu'a-t-on fait ? A-t-on commencé par donner à l'éducation des femmes le soin et l'étendue qu'on a donnés à celle des hommes ? Sait-on ce que serait la femme si nos institutions, nos lois, nos mœurs ne formaient comme un poids énorme mis à la fois sur son intelligence et sur son âme ? N'est-ce pas folie que de buriner sur l'airain de la loi la prétendue *incapacité* des femmes, lorsque même, en dépit du régime d'étouffement qu'on appesantit sur elles, mille exemples prouvent qu'il n'est pas un ordre d'idées où elles ne puissent atteindre et devancer l'homme? L'empire a-t-il produit un esprit supérieur à madame de Staël? Connaissez-vous de nos jours, un plus grand écrivain que George Sand? Il n'est pas jusqu'à l'austère génie des mathématiques qui ne montre ce dont les femmes sont capables, et quand on cherche un rival à Laplace, c'est dans une femme qu'on le trouve!

Et puis, qui donc a constitué l'homme juge de la valeur intellectuelle et morale de la femme? Quand il s'agit de régler les destinées de l'être humain, de quel droit l'homme, qui n'en est qu'une partie, se charge-t-il seul, de la décision? Cela est absurde, cela est contraire à toutes les notions de la justice, cela constitue de toutes les négations de l'Egalité, la plus insolente, cela ne mérite qu'un nom, et ce nom c'est .... TYRANNIE !

Du reste, il est à remarquer que, toujours dans l'histoire, le progrès en toute chose a été caractérisé par quelque modification heureuse introduite dans la condition sociale des femmes. Dans les sociétés primitives et barbares, la femme est matériellement esclave; on lui donne à porter les fardeaux les plus lourds, on lui impose les travaux les plus humiliants, on l'accable de coups. Dans la civilisation juive, nous trouvons l'inferiorité conventionnelle de la femme bien marquée par le droit de répudiation exclusivement accordé au mari. Dans la civilisation romaine, le droit de répudiation devient reciproque, puis à mesure que les lumières se répandent la femme monte un dégré de plus sur l'échelle sociale. Arrive le christianisme, qui demande respect pour elle et qui produit les mœurs de la chevalerie. Et aujourd'hui Citoyens, aujourd'hui, quel est le cri qui s'élève de tous les cœurs vraiment passionnés pour l'Egalité? C'est celui-ci : affranchissement COMPLET de la femme, par la reconnaissance formelle de ses droits tant politiques que civils.

Donc, à l'affranchissement des femmes, pour lequel c'est aux hommes qu'il appartient spécialement de combattre!

E. VASSEL.

Aux Associations Ouvrières!

CITOYENS,

A ceux qui font servir le travail à l'affranchissement du travailleur.

A ceux qui organisent la propriété du pauvre pour vaincre le despotisme des castes, la tyrannie des rois, les intentions fallacieuses des gouvernants, pour hâter l'avénement du socialisme;

A ceux qui fléchissent le bras de l'exploitation par la solidarité ;

A ces généreux bataillons qui marchent à la conquête du libre arbitre, hors lequel il n'est pas d'*homme citoyen;*

A ceux qui pratiquent la *liberté* par la *fraternité*, et la *fraternité* par *l'égalité* ;

A ces généreux enfants du peuple, par qui subsiste comme contrepoids à l'association des capitaux, l'associa‑ tion des forces ; seule conquête, qui, depuis Février, ait résisté aux fureurs de la contre-révolution ;

Aux indomptables exterminateurs des fainéants, des frêlons qui subsistent au détriment des abeilles laborieuses!

A ces travailleurs infatigables et dévoués qui, en dépit de tous les obstacles, de toutes les privations, de toutes les calomnies, et malgré la guerre acharnée que leur livre la société actuelle, concourrent avec tant de constance et de succès à l'établissement du principe qui sera la base de la société future ;

Puisse arriver bientôt le jour où, s'appuyant sur la mu-tualité du crédit, et devenues étroitement solidaires l'une de l'autre, elles seront une preuve indubitable de l'excellence de notre principe trinitaire ; même au point de vue de la puissance sociale, de l'ordre réel, de la richesse générale et du bonheur individuel ;

Aux associations ouvrières, à la fraction la plus logique de la puissance du levier révolutionnaire ;

A cette puissance qui tend à renverser les barrières qui séparent les nations, les barricades du despotisme;

. . . .

. . . .

Aux derniers restes pratiques de la révolution de 1849 !
Au phare fidèle du socialisme:
Aux Associations Ouvrières!

CROUZIER,

Élève de l'École Vétérinaire de Lyon,
Condamné à la Déportation (Juin 1849).

Aux Martyrs de la Calomnie!

CITOYENS,

En célébrant, aujourd'hui, le 3me anniversaire du 24 Février, chacun de nous doit, s'il porte un regard en ar-rière, éprouver un regret pénible.

Qui nous aurait dit, à nous, que les transports de joie de la France, que les chants de triomphe de tout un grand peuple seraient étouffés en si peu de temps? oh! la belle espérance qui nous souriait alors! Je ne puis m'empêcher, en songeant à tous les malheurs qui ont accablé notre patrie, de jeter, en passant, mon anathème sur les auteurs de tant d'infortunes', tout ce qu'il y avait d'hommes énergiques, populaires, dévoués à la cause sacrée que nous défendons, disparut peu à peu de la scène politique, par le fait des gouvernants, à qui le peuple eut tort d'accorder sa confiance. Je ne veux point ici vous répéter ce que vous savez tous ; c'est-à-dire, vous montrer les premiers magistrats de la République cherchant à la poignarder dans son berceau. Laissons les traîtres et les ambitieux rêver le retour impossible des jours de nos erreurs ; si leur audace, ne tenant point compte des avertissements de la vraie démocratie, ose encore entraver la liberté dans sa marche, nous ne saurions punir ce nouveau forfait avec trop de rigueur.

Tant que nous n'aurons pas abattu tous ces rêveurs de pouvoir, qui vivent au milieu de nous avec un masque sur la face, pour en cacher la laideur, nous ne vivrons pas en frères, nous ne pourrons jouir de ce *règne de Dieu*, attendu depuis plus de 1800 ans.

Quand le Peuple, après une révolution, saura se gouverner lui-même, et non réclamer des *Sauveurs,* le Peuple alors pourra espérer d'heureux jours.

Depuis Jésus jusqu'à Babeuf ; depuis Babeuf jusqu'à Blanqui et Barbès, tous les apôtres de la vérité ont été martyrs de leur dévouement pour la cause de l'humanité. Le bien a été vaincu par le mal ; la parole par l'épée ; la science désintéressée par l'ignorance aveugle et égoïste.

Sans craindre de paraître hostile à personne, ici, je vais en protestant contre les actes injustes et odieux des chefs républicains anti-socialistes, porter un toast en l'honneur de ceux qui ont été leurs victimes naguères, comme Jean Hus, Marat, Babeuf, Buonarotti, le furent en d'autres temps. Je veux que les hommes, qui n'ont jamais failli dans leur devoir, et qui pour cela même ont été le plus calomniés par les factions gouvernementalistes, sachent, du fond de leurs tombeaux, qu'ils ne sont pas entièrement oubliés dans le monde des vivants. Je veux, autant que possible, leur rendre l'auréole de toutes leurs vertus. Je veux dire que Blanqui ne fut pas un traître, que Raspail ne fut pas un maniaque ambitieux ; que Barbès ne fut pas un assassin, que Cabet ne fut pas un voleur.

Si ces grands citoyens, après tous les gages qu'ils ont donnés à la révolution, ont été brisés par la révolution elle-même, c'est à nous, qui continuons l'œuvre qu'ils ont commencée, d'essuyer de nos hommages les plus fervents l'infamie que le *gouvernementalisme* a jeté sur leurs fronts.

Honte et opprobre aux détracteurs de la République ! Courage et espérance à ses vrais défenseurs !

A Blanqui ! à Raspail ! à Barbès ! à Cabet !

Aux Martyrs de la Calomnie !

Jules Vidil,
Ex-Capitaine au 9ᵉ Hussards.

A la mémoire des martyrs de toutes les nations, tombés en 1848, pour la cause de la liberté!

Contraints de chercher asile sur le sol étranger, après avoir vu nos villes détruites par une soldatesque aux gages de l'iniquité, nous voici réunis dans cette enceinte pour célébrer en commun l'anniversaire de cette immortelle Révolution des peuples par qui tous les rois tremblèrent sur leurs trônes. Faute de s'être unis assez promptement contre ces trônes sanglants et souillés, les Peuples n'eurent qu'un triomphe qui passa vite, et la royauté, l'aristocratie, l'ultramontanisme reparurent. Mais il y a, par toute l'Europe, des millions de cœurs qui palpitent; l'heure de la lutte n'est pas éloignée : Alerte!

Il crie vengeance, le sang qui fume encore sur les champs dévastés de la Hongrie, de la Pologne, de l'Allemagne, de l'Italie, le sang qui a rougi les pavés de... Souvenons-nous de ceux à qui nous avons survécu, de ceux qui crièrent, en mourant : Vive la République universelle!

Citoyens, vienne le jour de la grande Révolution européenne, vos frères italiens seront à leur poste, et ils ne croiront pas avoir trop payé, en le payant de leur vie, l'honneur de concourir à faire flotter sur les remparts de toutes les villes et sur toutes les forteresses de l'Europe les drapeaux qui ornent cette salle.

Espérons que la bataille prévue nous trouvera réunis comme nous le sommes en ce jour, troisième anniversaire de la glorieuse Révolution de 1848.

A la mémoire des martyrs de toutes les nations! (1).

Balma Guénino,

Refugié Italien.

Citoyennes et Citoyens,

A nos frères les détenus politiques du Mont-St-Michel, de Belle-Isle, de Sainte-Pélagie, de Mazas, de Roanne, d'Afrique, et de toutes les prisons enfin où des Républicains expient le crime d'avoir combattu pour la République.

Ce sont les vrais martyrs, ceux-là... Nous, exilés, nous jouissons de la liberté, le plus doux des biens après le bonheur de la patrie; nous jouissons de l'espace et du soleil. Mais, eux, ils vivent sous le plus cruel des despotismes, celui du geôlier; leurs paroles sont notées, leurs gestes sont marqués; on épie jusqu'à la tristesse de leurs visages. On prête une attention haineuse à chacun des battements de leurs cœurs.

(1) Ce toast a été prononcé en langue italienne.

Il nous reste, à nous, la consolation de nous mêler, au moins de loin, aux luttes de la liberté militante. Il nous reste la consolation d'attaquer, d'inquiéter, de tenir en échec nos ennemis.

Eux, ils sont condamnés à entendre, à travers d'épaisses murailles, dans l'inaction forcée du cachot, les cris de la France....

Vaillants soldats, à qui manque la liberté... la liberté du combat !

Oui, ce sont-là les vrais martyrs !

Qu'ils reçoivent donc, au fond de leurs prisons homicides, l'expression de nos vœux, de notre admiration, de notre reconnaissance, unies à la reconnaissance sacrée de la patrie.

Que la France devienne heureuse et grande, sous l'empire du principe de l'Egalité, c'est ce que nous pouvons souhaiter de mieux, nous le savons, à ceux qui souffrent aujourd'hui pour elle.

A nos frères les détenus politiques !

POTTIER,

Condamné des conseils de guerre,
évadé des Madelonettes.

A la Révolution polonaise du 22 février 1846.

CITOYENS,

Tournons nos regards vers le tombeau de la vieille et le berceau de la nouvelle Pologne, systématiquement calomniée par ses ennemis, et souvent méconnue par ses amis : — et si un de ses fils invoque son nom au milieu de vous, certes ! ce n'est pas pour étaler fastueusement ses mérites et ses exploits. Nous apportons à la communion, à l'usage des peuples révolutionnaires les résultats, les produits des idées et de l'expérience de notre patrie, élaborées dans une lutte herculéenne pendant des siècles. Ensuite, il faut que l'Europe révolutionnaire sache en quoi l'on peut compter dans l'avenir prochain sur le peuple polonais. Car, connaître à fond la foi, le génie et les aptitudes de chaque nationalité, les appuyer, les stimuler par une juste appréciation, agglomérer ainsi, discipliner et passer en revue les forces réunies de la révolution, enfin rendre justice à tout le monde, c'est le premier devoir des démocrates socialistes.

De cette manière répondons publiquement aux revues des troupes tenues actuellement à Varsovie et aux conférences secrètes du congrès de Dresde ; où le mauvais génie russe préside.

Je porte le toast à l'anniversaire du 22 février 1846, à la révolution de Cracovie. Il est certain que la proximité de la dale n'aurait pas justifié ma proposition ; il y a une raison bien plus forte ; c'est que cette révolution a été soulevée dans le sens socialiste de la révolution européenne, où, deux ans plus tard, à l'appel du peuple héroïque de Paris, les autres nationalités ont répondu à peu près simultanément. En outre, partout ailleurs il n'y avait presque pas de programmes ;—les théories socialistes n'ont apparue que quelque temps après l'expulsion, ou le désarmement de l'ennemi, tandis que la première proclamation du gouvernement de Cracovie, en 1846, les armes à la main, annonçait au monde les principes socialistes.

Ai si donc la Pologne a conservé, à cette occasion, sa tradition séculaire. Malgré son enterrement, elle planta l'étendart sur son mausolée et conserva son titre universellement reconnu de l'avant-garde de l'Europe !

Aussi à l'explosion de la révolution européenne, on a vu les Polonais courir aux armes non-seulement à Posen, à Cracovie, à Leopol, mais ils se sont portés en foule en Hongrie, en Italie, en Allemagne, etc.

D'où vient alors que le peuple enchaîné, déchiré, et sans indépendance nationale, qui est, à l'égard des autres nations, ce qu'est l'ouvrier, le prolétaire en France, vis-à-vis de la bourgeoisie, des banquiers et des aristocrates ; que ce peuple, dis-je, le plus pauvre de la terre, donne jusqu'ici plus de gage de son constant dévouement à la Révolution que les plus puissants et les plus riches peuples du continent ?

Les hommes superficiels et les malveillants n'y trouvent que le penchant bien prononcé des Polonais pour le service militaire, ou bien qu'en émigrant de leurs foyers pour telle ou autre offense envers le gouvernement arbitraire, ils ont besoin de se faire soudoyer à l'étranger. Pour repousser cette imputation, rappelons-nous qu'à l'apogée de sa gloire et de sa puissance, la Pologne, de son poste, se crut en devoir de prodiguer ses secours aux opprimés contre les oppresseurs, que la devise de toutes ses guerres portait : *La défense de la foi, de la liberté et de la civilisation*, contre les barbares, et qu'elle a bien gagné son titre de champion de la chrétienté près des bastions de Vienne et ailleurs.

Or, la défense de la liberté est partout une tradition historique, qui se répète incessamment chez ce peuple, le fait vivre et respirer même après son trépas politique, et la cérémonie funèbre, où les monarques, en chantant en procession, portaient des cierges.

Avant cette époque, la Pologne, placée en face de la perfection, ou plutôt du sommet du barbarisme et de l'absolutisme, s'inspira tous les jours pour rendre son régime parfait dans le sens populaire. Elle pratiqua, pendant des siècles, cette formule sacramentelle : Liberté, égalité, fraternité, jusqu'à ce que la noblesse du pays, imposant des restrictions dans cette voie, précipita la chute de la République. Un grand peuple, on le sait, a prêté des rayons plus étendus et plus chaleureux à cette idée et en illumine l'univers depuis 1793.

Mais quant à la vieille pratique de la solidarité des peuples, malheureusement l'idée polonaise se trouve presque unique et isolée jusqu'à présent ; elle brille comme une étoile polaire.....

Cette idée a été à peine effleurée dans les divers programmes qui ont paru depuis 1848, et la pratique en viendrait peut-être avec plus de lenteur encore. Cependant le salut de la Révolution, j'ose le proclamer bien haut, ne dépend que de l'entraînement des masses vers ce principe.

L'homme, aussi bien que les nations, sont faits ainsi, qu'ils agissent toujours davantage, plus ils y sont contraints par des circonstances. La position difficile où la Pologne se trouvait pendant un dizaine de siècles déploya, sa force occulte. Après sa ruine, cette position vient d'être occupée par la France depuis un demi-siècle, c'est-à-dire, le peuple français se trouve face à face avec le centre de la réaction incarnée, qui trame les complots, qui a déjà envahi l'Allemagne par son génie satanique, qui lance ses ordres aux confins de l'Europe du même château de Varsovie, où l'on n'a jadis tenu des conseils que pour le salut du monde.

Et quel est maintenant, je vous prie, le problème à résoudre pour la Sainte-Alliance. Problème revu, corrigé, et considérablement augmenté par la main de Nicolas ? Ni plus ni moins que d'étouffer à jamais le foyer de la révolution en France, et de lui faire subir le sort de la Pologne. Quelle politique, par conséquent, doit tenir la République française afin de parer ce coup mortel ? Evidemment, frapper l'ennemi jusque dans son cœur, dissoudre à jamais la coalition de la Sainte-Alliance par la restauration de la Pologne. Ici pas d'expédients, pas de raisons d'État, rien outre la justice ne serait efficace, mais la justice complète et sans ambages. Le parti qui tiendra strictement son programme sera vainqueur.

Oh ! que l'on profite au moins du passé. Si la France avait remporté ses victoires d'Austerlitz, de Friedland, de Borodino, etc., non pas en faveur de l'Empire, mais *expressément* pour la liberté des autres peuples, elle n'aurait pas eu Waterloo.

Du reste, personne ne doute que si tous les peuples se soulevaient à la fois, l'absolutisme serait foulé à nos pieds. Eh bien ! il faut que les faibles opprimés sachent avec certitude qu'ils seront aidés par ce peuple puissant qui se mit de nos jours à la tête de la révolution, et au signal donné ils se lèveront comme un seul homme. Alors la lutte s'engagera sur tous les points ensemble et les peuples se secoureront dans cette gigantesque bataille qui ne sera qu'une.

Toute autre politique équivoque, médiations ou neutralité serait une trahison et un suicide.

Que diriez-vous d'un général qui reste l'arme au bras quand il apprend que son collègue est aux prises avec l'ennemi, supérieur en forces effectives ? Vous me répondrez qu'il subira la même défaite à son tour, ou bien qu'on le fera passer par la Cour martiale. Or, cette assistance, que les corps détachés de la même armée se doivent réciproquement, il nous est commandé par la loi de la nature de la prêter, sous peine d'expiation, aux nations qui professent la même foi, et qui luttent pour les mêmes principes que nous. Et c'est la Providence ellemême, qui juge à cette cour martiale et qui exécute ses décrets les plus implacables.

Mais revenons à la République du 24 février, et admirons la haute intelligence des masses en France. Le peuple et le soldat n'y parlaient que de passer la frontière à l'instant même. Secours aux Polonais ! secours aux Allemands ! s'écriait-on de tous côtés. Les prudents, les illustres, les beaux esprits y ont mis des obstacles. *Qui n'est pas avec nous est contre nous !* Ce dicton était bien douloureusement prouvé sous nos yeux. La France, empêchée de porter l'assistance au dehors, commença depuis à ronger ses propres entrailles. Dès que le gouvernement s'est accoutumé à regarder avec indifférence le sang couler en Pologne, en Italie, en Hongrie, en Allemagne, il a entrepris la sauvage répression de juin, l'abrogation des lois républicaines, l'état de siége, et enfin il a ordonné aux soldats français de massacrer la République romaine, de commettre l'infanticide national.

Les noms de Tamerlan, de Gengiskhan, d'Attila et d'autres ravageurs font frémir le monde jusqu'ici. Ils avaient toutefois la mission d'abolir l'aristocratie des nations, de faire lever l'aurore de la Révolution sur une grande échelle, savoir : d'établir une sorte d'égalité et de fusion parmi les grandes familles nationales ; et ceux d'entre ces conquérants qui ont pillé et ruiné Rome antique, capitale du monde, produisirent un grand bien ; car ils ont terrassé le tyran plongé au fond des dépravations et du désordre. La réaction française a bombardé la même ville renaissant et relevant d'une longue léthargie politique.

Ainsi, pour nous, la solidarité, le secours aux autres pour établir les principes communs, c'est la base du Socialisme. Les devoirs avant les droits. Aucun ouvrier, par exemple, ne peut demander son salaire avant de finir l'ouvrage. L'ouvrage ou le devoir, c'est la propagande, l'assistance aux peuples opprimés. La liberté nationale, l'organisation intérieure du pays viendront après. C'est la récompense, c'est le droit de celui qui remplit son devoir.

Citoyens démocrates socialistes, on a beau dire que nous sommes ennemis de la religion, de la famille et de la propriété, comme individus et comme nations nous remplissons avec ferveur les commandements de Dieu, annoncés par le Christ. Nous voulons qu'on aime son prochain comme soi-même ; nous voulons revendiquer les propriétés inaliénables des grandes familles nationales, leur indépendance et leurs droits violés par des brigands couronnés...

Encore une fois, à la Révolution du 22 février, qui est bien appréciée par le peuple polonais, et lorsqu'il se lèvera en masse pour se gouverner en souverain, soyez sûrs qu'il n'émigrera pas ; qu'il ne posera les armes qu'après avoir asséné le dernier coup de grâce à l'ennemi juré de l'humanité.

Sawaszkiewiez,

réfugié polonais.

Frères et Amis,

Libre je me serais de grand cœur re due à l'appel que vous venez de faire, mais prisonnière depuis quatre mois, je ne puis que me joindre à vous de cœur et de pensée pour célébrer le glorieux anniversaire du 24 février.

Permettez moi donc, du fond de ma prison, de porter un toast *à toutes les victimes, à tous les martyrs de la liberté, à la régénération du Christ et du monde, à la République universelle, démocratique et* ....!

M. C. Goldsmid,

Condamnée politique.

Aux Bons cousins,

A ceux que la réaction tient enchaînés dans les prisons d'Alger, p.ndant que leurs familles, privées de soutien et réduites à la misère, gémissent loin de la mère-patrie !

A la réalisation des principes émis par Théobald, alors que de généreux citoyens tentèrent de secouer le joug imposé au pays qui nous donne aujourd'hui l'hospitalité. Combattus par une foule d'hommes que l'ignorance seule armait contre eux, écrasés sous le nombre, forcés de chercher asile dans les montagnes de l'Écosse, ils y seraient morts de misère sans un vénérable vieillard, nommé Théobald, qui les rassembla autour de lui, les fit travailler en commun et forma le *Carbonarisme.*

Ce que, de nos jours, on ne met qu'en théorie, eux le

mirent en pratique, et ils trouvèrent le bonheur dans l'application de ces mots divins : *Liberté*, *Egalité*, *Fraternité !*

BRUTUS,

B. C. d'Oran.

Malgré tout notre désir de donner un compte-rendu complet, nous n'avons pu nous procurer à temps plusieurs discours prononcés en langues étrangères, entre autres ceux des citoyens WALTER COOPER, délégué des ouvriers tailleurs de Manchester, et JOHN PETTIE, membre du comité des *Fraternal Democrats*, ainsi que le toast porté *à la solidarité des peuples*, par le citoyen SIMONIJI, réfugié hongrois. Nous le regrettons d'autant plus vivement, que ces discours avaient été accueillis de la manière la plus sympathique.

En reproduisant les toasts, nous n'avons point marqué les endroits où l'on a applaudi. Pendant toute la lecture, l'enthousiasme de l'assemblée s'est constamment soutenue, et n'a cessé de se manifester par d'unanimes applaudissements.

Dans les intervalles de la lecture, des chants patriotiques, la *Marseillaise*, l'*Hymne des Soldats*, de Pierre Dupont, le chant de *Pape et Christ*, ont fait retentir les voûtes de l'immense salle où l'on célébrait le banquet. Après le dernier toast, plus de mille voix ont entonné en chœur et avec une invincible puissance d'émotion, le *Chant du départ*. Puis, l'assemblée s'est écoulée lentement, en bon ordre, laissant dans tous les cœurs une impression impérissable.

Il est à remarquer que, dans une fête qui a duré plusieurs heures, et malgré le nombre considérable des convives, rien n'est venu troubler le caractère vraiment auguste de la manifestation. Seulement, un individu ayant refusé de se découvrir au chant sacré de la *Marseillaise*, et ce refus ayant excité dans les voisins du provocateur l'indignation la plus vive, un des membres du banquet est monté à la tribune et à dit : Au nom du respect dû à la Liberté, je demande qu'on ne force point celui qui veut rester couvert à se découvrir. S'il est quelqu'un ici qui ne comprenne pas ce qu'il y a de noble et de touchant à saluer les noms de Liberté et de Patrie, le meilleur moyen de l'en punir, c'est de le plaindre. Et les applaudissements dont ces paroles ont été couvertes sont venues témoigner du sentiment élevé qui régnait dans l'assemblée.

Ainsi un ordre admirable et un religieux enthousiasme, tel a été le double caractère de cette grande solennité, à laquelle les journaux anglais, même les plus hostiles à notre cause, ont rendu un si bel hommage en disant que *tout, jusqu'aux conversations particulières, y avait fourni la preuve de la sincérité de ceux qui s'étaient réunis pour proclamer la doctrine résumée par ces trois mots :* LIBERTÉ, ÉGALITÉ, FRATERNITÉ.

Paris. — Imp. BLONDEAU, rue du Petit-Carreau, 32.